Curso

*La diferencia entre aprobar
y sacar plaza*

Auxiliar Sanitario Titulado (A.S.T.)

DIPUTACIÓN PROVINCIAL DE ALICANTE

Si aún no dispones de tu **Curso MAD360**, te ofrecemos un acceso GRATIS de 30 días para que disfrutes de los siguientes recursos:

- Técnicas de Memoria 360.
- MADTEST: Test *online* Nivel PRO.
- Temario en formato digital.
- Vídeos.
- Esquemas.
- Planificación de estudio.
- Foro entre opositores hasta la fecha del examen.*
- Recursos y novedades exclusivas.
- Consúltanos sobre tu oposición y proceso selectivo.
- Actualizaciones legislativas (Boletines Oficiales) hasta 60 días antes de la fecha del examen.*

Para acceder a esta prueba del Curso MAD360** será necesaria la compra de todos los libros para esta especialidad de la edición 2026.

Regístrate en **mad.es/iniciar-sesion** y, en la pestaña **MIS CURSOS**, valida los códigos que encontrarás en la última página de tus libros. Recuerda que dispones de un plazo de **45 días desde la fecha de compra** para realizar la validación. Si no verificas tu matrícula, el periodo de uso del curso comenzará a contar aunque no hayas accedido.

NOTA IMPORTANTE:

* Examen de esta categoría profesional correspondiente a la convocatoria publicada en el BOP de Alicante nº 45, de 6 de marzo de 2026, o hasta el 30 de abril de 2027, lo que se cumpla antes, y previa renovación del servicio.

** El acceso al CURSO MAD360 estará disponible desde abril de 2026 (algunos recursos podrían estar disponibles en fecha posterior). Tendrá una duración de 30 días RENOVABLES mediante pago, desde la validación de códigos, o hasta el 31 de octubre de 2027, lo que se cumpla antes.

MAD se reserva el derecho a ampliar dichas fechas.

Auxiliar Sanitario Titulado (A.S.T.) de la Diputación Provincial de Alicante

Abril 2026

Auxiliar Sanitario Titulado (A.S.T.) de la Diputación Provincial de Alicante

Test del temario

Autores

FRANCISCO JESÚS TORRES FONSECA
Licenciado en Derecho

MAGALÍ RIERA ROCA
Licenciada en Derecho

M.ª DEL CARMEN SILVA GARCÍA
Diplomada Universitaria en Enfermería
Técnica Especialista de Laboratorio

JUAN MANUEL GIL RAMOS
Licenciado en Medicina. Master en Salud Ambiental.

JOSÉ MANUEL PÉREZ SANTANA
Diplomado Universitario en Enfermería

HERMINIA ANDRADES ROMERO
Diplomada en Fisioterapia
Técnico Superior en Imagen para el Diagnóstico

© 7 Editores Recursos para la Cualificación Profesional y el Empleo, S.L. (7 Editores)
© Los autores
Primera edición, abril 2026 (104 páginas)
Derechos de edición reservados a favor de 7 Editores
IMPRESO EN ESPAÑA
Diseño Portada: 7 Editores
Edita: 7 Editores
Avda. San Francisco Javier, 9 · Edificio Sevilla 2 · Planta 11 · Módulos 25-27 · 41018 Sevilla
Teléfono: 954 784 411 · WEB: www.mad.es · e-mail: administracion@7editores.com
ISBN: 979-13-702-8804-4
© "Editorial Mad" y "Eduforma" son nombres comerciales registrados de
7 Editores Recursos para la Cualificación Profesional y el Empleo, S.L.

Índice

TEST GENERAL

TEST ESPECÍFICO

TEST GENERAL

**La Constitución Española de 1978. Estructura y Principios
Fundamentales. Derechos y Deberes Fundamentales. La Corona.
La reforma constitucional. Principio de igualdad y su desarrollo
según la Ley Orgánica de igualdad de mujeres y hombres:
El principio de igualdad y la tutela contra la discriminación.
Criterios de actuación de las Administraciones Públicas**

1. El artículo 10 de la Constitución Española contempla:

a) Que la dignidad de la persona es fundamento del orden político y de la paz social.
b) El primero de los derechos fundamentales contenidos en la misma.
c) La prohibición de lesión a la persona física.
d) La interpretación de la Declaración Universal de Derechos Humanos conforme a la Constitución Española.

2. ¿Cuál de los siguientes no se especifica en el artículo 10.1 como fundamento del orden político y la paz social?

a) La dignidad de la persona.
b) Los derechos inviolables de la persona.
c) La seguridad jurídica.
d) El libre desarrollo de la personalidad.

3. En relación con la dignidad de la persona:

a) En realidad, la Constitución solamente la reconoce a la persona en tanto que ciudadana.
b) Puede verse alterada, jurídicamente hablando, atendiendo a la situación en que la persona se encuentre.
c) No admite grados.
d) Es renunciable y disponible.

4. El artículo 10 de la Constitución Española:

a) No reconoce el valor de los Tratados Internacionales, dándole el máximo y único valor a la Constitución.

b) Dispone que los tratados y acuerdos ratificados por España sirven de parámetro interpretativo de los derechos y libertades establecidos en la Constitución.

c) Reconoce únicamente validez, en relación con los derechos humanos, a la Declaración Universal de Derechos Humanos.

d) Establece que los Tratados Internacionales ratificados por España se situarán en una posición superior en la jerarquía normativa respecto de la Constitución.

5. De la Constitución se desprende que:

a) Los derechos y libertades establecidos en Tratados internacionales no tienen valor.

b) Los derechos y libertades establecidos en Tratados internacionales tienen rango constitucional.

c) Los derechos y libertades establecidos en Tratados internacionales tienen rango constitucional únicamente en la medida en que también estén reconocidos en la Constitución Española.

d) Los derechos reconocidos en Tratados internacionales tienen eficacia directa, por este hecho, en los tribunales españoles, aunque no hayan estado ratificados por el Estado español.

6. En relación con la nacionalidad española:

a) La Constitución establece que solamente se puede adquirir por nacimiento.

b) Se adquiere únicamente por nacimiento, no obstante, un extranjero puede optar a la residencia.

c) Se puede adquirir.

d) Nunca se puede perder.

7. En base a la Constitución Española:

a) Un español nunca puede perder su nacionalidad.

b) Ningún español de origen podrá ser privado de su nacionalidad.

c) La nacionalidad siempre se conserva.

d) No se admite la doble nacionalidad de un español.

8. En relación con la doble nacionalidad:

a) La Constitución Española no la permite.

b) El Estado puede concertar tratados de doble nacionalidad con los países iberoamericanos o con aquellos que hayan tenido o tengan una particular vinculación con España.

c) Solamente se puede reconocer en relación con la nacionalidad de otros países europeos.

d) Solamente se puede reconocer en relación con antiguos países que formaban parte de la Corona española.

9. ¿Cuál de las siguientes afirmaciones es falsa?

a) No es la primera vez que una Constitución Española regula aspectos relacionados con la nacionalidad.

b) La Constitución Española no es la única a nivel mundial que contiene regulación respecto de la nacionalidad de los ciudadanos del Estado.

c) En la Constitución se desarrollan las formas de adquisición, conservación y pérdida de la nacionalidad española, dada su importancia.

d) La nacionalidad es una cualidad jurídica de la persona.

10. En base al artículo 12 de la Constitución Española:

a) Los españoles se pueden emancipar a los dieciocho años.

b) Los españoles se pueden emancipar a los dieciséis años.

c) Los españoles son mayores de edad a los dieciocho años.

d) Los españoles son mayores de edad a los veintiún años.

11. Indica la respuesta incorrecta:

a) Que la Constitución establezca cuál es la edad de obtención de la mayoría de edad no implica que, por causa justificada, la ley pueda establecer otras edades para ejercer algunos derechos y obligaciones.

b) Que la Constitución establezca cuál es la edad de obtención de la mayoría de edad no implica la imposibilidad de emanciparse.

c) La Constitución equipara la minoría de edad con la incapacidad.

d) La Constitución vincula, en términos generales, la mayoría de edad a la adquisición de la plena capacidad de obrar.

12. No ser mayor de edad implica:

a) Que no puedes votar en las elecciones.

b) Que no puedes contraer matrimonio.

c) Que no puedes trabajar.

d) Que no puedes celebrar ningún tipo de contrato.

13. Atendiendo a lo dispuesto en el artículo 13 de la Constitución:

a) En todo caso, solamente los españoles están legitimados para participar en asuntos públicos.

b) Los extranjeros gozarán es España de los derechos fundamentales, pero no de las libertades públicas establecidas en la Constitución.

c) Los españoles son titulares del derecho de participación en los asuntos públicos, lo que puede extenderse, vía tratado o ley, a otros sujetos para el derecho de sufragio activo y pasivo en las elecciones municipales, siempre atendiendo a criterios de reciprocidad.

d) Solamente los españoles mayores de edad y con determinado nivel cultural pueden participar en asuntos públicos.

14. En relación con el derecho de asilo:

a) No se puede conceder a los refugiados, en ningún caso.

b) Por ley orgánica se establecerán los términos en que los ciudadanos de otros países podrán gozar de este derecho en España.

c) Por ley se establecerán los términos en que los ciudadanos de otros países y los apátridas podrán gozar de este derecho en España.

d) Por reglamento se establecerán los términos en que los apátridas podrán gozar de este derecho en España.

15. Indica la respuesta correcta en relación con la extradición:

a) La extradición solo se concederá en cumplimiento de un tratado o de la ley, atendido al principio de reciprocidad.

b) La extradición solo se concederá en cumplimiento de un tratado o de la ley, sin requerirse la reciprocidad.

c) También se puede conceder la extradición por delitos políticos.

d) No se puede extraditar por actos de terrorismo.

En MADTEST tienes **más preguntas de este tema**, y todos tus avances quedan registrados y se reflejan en el ranking.

¡Supera tus límites con MADTEST!

Solución al test n.º 1

1. a) Que la dignidad de la persona es fundamento del orden político y de la paz social.

2. c) La seguridad jurídica.

3. c) No admite grados.

4. b) Dispone que los tratados y acuerdos ratificados por España sirven de parámetro interpretativo de los derechos y libertades establecidos en la Constitución.

5. c) Los derechos y libertades establecidos en Tratados internacionales tienen rango constitucional únicamente en la medida en que también estén reconocidos en la Constitución Española.

6. c) Se puede adquirir.

7. b) Ningún español de origen podrá ser privado de su nacionalidad.

8. b) El Estado puede concertar tratados de doble nacionalidad con los países iberoamericanos o con aquellos que hayan tenido o tengan una particular vinculación con España.

9. c) En la Constitución se desarrollan las formas de adquisición, conservación y pérdida de la nacionalidad española, dada su importancia.

10. c) Los españoles son mayores de edad a los dieciocho años.

11. c) La Constitución equipara la minoría de edad con la incapacidad.

12. a) Que no puedes votar en las elecciones.

13. c) Los españoles son titulares del derecho de participación en los asuntos públicos, lo que puede extenderse, vía tratado o ley, a otros sujetos para el derecho de sufragio activo y pasivo en las elecciones municipales, siempre atendiendo a criterios de reciprocidad.

14. c) Por ley se establecerán los términos en que los ciudadanos de otros países y los apátridas podrán gozar de este derecho en España.

15. a) La extradición solo se concederá en cumplimiento de un tratado o de la ley, atendido al principio de reciprocidad.

El Estatuto de Autonomía de la Comunidad Valenciana. Estructura y Principios Fundamentales. Competencias de la Generalitat Valenciana y su desarrollo normativo. La Generalitat Valenciana: Les Corts: composición, constitución y funciones. El Consell: composición, atribuciones y funcionamiento. Otras Instituciones: El Sindic de Greugues y la Sindicatura de Comptes

1. Les Corts designarán los Senadores que le correspondan para representar la Comunitat Valenciana de conformidad:

a) Con la Ley Electoral General Estatal.
b) Con el Reglamento de Les Corts.
c) Con la Ley de Designación de Senadores en representación de la Comunidad Autónoma.
d) Con la Ley Electoral Valenciana.

2. La Ley Electoral Valenciana precisará, para su aprobación:

a) 2/3 partes de Les Corts.
b) Mayoría absoluta de Les Corts.
c) 3/5 partes de Les Corts.
d) 2/5 partes de Les Corts.

3. Las leyes de la Generalitat serán publicadas:

a) En el Boletín Oficial del Estado, en las dos lenguas oficiales.
b) En el Diario Oficial de la Generalitat.
c) En el Boletín Oficial del Estado, en los quince días siguientes a su aprobación.
d) En el Diario Oficial de la Generalitat con carácter inmediato.

4. ¿Cuál de las siguientes no es función de Les Corts?

a) Exigir la responsabilidad política de un Conseller.
b) Controlar la acción del Consell.
c) Controlar parlamentariamente a la Administración que esté bajo la autoridad de la Generalitat.
d) Interponer recursos de inconstitucionalidad.

5. ¿Cuál de las siguientes no es función de Les Corts?

a) Crear comisiones especiales de investigación.
b) Nombrar al President de la Generalitat.
c) Aprobar las emisiones de deuda pública.
d) Solicitar al Gobierno del Estado la adopción de proyectos de ley.

6. La iniciativa legislativa de Les Corts será ejercida por:

a) Los grupos parlamentarios, exclusivamente.
b) Únicamente por los diputados y diputadas.
c) Por el Consell, los diputados y diputadas de Les Corts, y los grupos parlamentarios de Les Corts.
d) Por el Consell exclusivamente.

7. El Reglamento de Les Corts:

a) Es una norma de rango inferior a ley.
b) Es una norma de rango equivalente al Estatuto de Autonomía.
c) Es una norma administrativa.
d) Tiene rango de ley.

8. El aforamiento de un Diputado o Diputada de Les Corts:

a) Supone la inviolabilidad del mismo.
b) Se extiende a responsabilidad penal y civil.
c) Supone la inmunidad del mismo.
d) Supone que su responsabilidad penal o civil será exigida siempre ante el Tribunal Superior de Justicia de la Comunitat Valenciana.

9. El President de la Generalitat podrá disolver Les Corts:

a) En la forma que determine el Estatuto de Autonomía.
b) En la forma que determine la Ley del Consell.
c) En la forma que determine la Ley Electoral Valenciana.
d) En la forma que determine el Reglamento de Les Corts.

10. Para que Les Corts celebren sesiones en lugar distinto a su sede oficial:

a) Se precisará conformidad del Consell.
b) Se precisa decisión en tal sentido del Consell y de los órganos de gobierno de Les Corts.
c) Se necesita decisión en tal sentido del Presidente del Consell.
d) Se precisa decisión en tal sentido de los órganos de gobierno de Les Corts.

11. Para determinados efectos, el mandato de los Diputados de Les Corts concluye:

a) El día en que se convocan las elecciones.
b) El día en que se celebran las elecciones.
c) El día de antes al de celebración de las elecciones.
d) El día siguiente al que se convocan las elecciones.

12. Las sesiones del Pleno de Les Corts:

a) Tienen que ser públicas salvo en los supuestos en que la ley permita lo contrario.
b) Tienen que ser públicas.
c) Tienen que ser públicas salvo en los supuestos en que el Reglamento de Les Corts permita lo contrario.
d) Tienen que ser públicas salvo en las materias en que el Estatuto de Autonomía permite lo contrario.

13. La denominación del Título III del Estatuto de Autonomía es:

a) La Generalitat
b) Los órganos de la Generalitat.
c) El Gobierno de la Generalitat.
d) Instituciones de la Comunidad Valenciana.

14. Según el Estatuto de Autonomía, ¿qué número de votos deberá haber obtenido el partido, federación, agrupación de electores o coalición que se hayan presentado a las elecciones para poder ser proclamados diputados electos de Les Corts?

a) El 5% de los votos de la Comunidad.
b) El 3% de los votos de su circunscripción electoral.
c) El número de votos que determine la Ley Electoral Valenciana.
d) El 5% de los votos de su circunscripción electoral.

15. El Título III del Estatuto de Autonomía:

a) No tiene Capítulos.
b) Tiene 5 Capítulos.
c) Tiene 3 Capítulos.
d) Tiene 7 Capítulos.

En MADTEST tienes **más preguntas de este tema**, y todos tus avances quedan registrados y se reflejan en el ranking.

¡Supera tus límites con MADTEST!

Solución al test n.º 2

1. c) Con la Ley de Designación de Senadores en representación de la Comunidad Autónoma.

2. a) 2/3 partes de Les Corts.

3. b) En el Diario Oficial de la Generalitat.

4. a) Exigir la responsabilidad política de un Conseller.

5. b) Nombrar al President de la Generalitat.

6. c) Por el Consell, los diputados y diputadas de Les Corts, y los grupos parlamentarios de Les Corts.

7. d) Tiene rango de ley.

8. b) Se extiende a responsabilidad penal y civil.

9. b) En la forma que determine la Ley del Consell.

10. d) Se precisa decisión en tal sentido de los órganos de gobierno de Les Corts.

11. c) El día de antes al de celebración de las elecciones.

12. c) Tienen que ser públicas salvo en los supuestos en que el Reglamento de Les Corts permita lo contrario.

13. a) La Generalitat.

14. c) El número de votos que determine la Ley Electoral Valenciana.

15. d) Tiene 7 Capítulos.

TEST N.º 3

La provincia como entidad local. Organización y competencias. El Pleno Provincial: composición y atribuciones. El Presidente: competencias, delegación de las mismas, y sus resoluciones. La Junta de Gobierno y las Comisiones Informativas

1. De acuerdo con el artículo 141.1 de la Constitución española:

a) La Provincia es una Entidad Local con personalidad jurídica propia, determinada por la agrupación de Municipios y división territorial para el cumplimiento de las actividades de la Comunidad Autónoma.

b) La Provincia es una Entidad Local con personalidad jurídica propia, determinada por la agrupación de comarcas y división territorial para el cumplimiento de las actividades del Estado.

c) La Provincia es una Entidad Local con personalidad jurídica propia, determinada por la agrupación de Municipios y división territorial para el cumplimiento de las actividades del Estado.

d) La Provincia es una Entidad Local con personalidad jurídica propia, determinada por la agrupación de Municipios y división territorial para el cumplimiento de los fines de la Unión Europea.

2. El Decreto de Javier de Burgos fue:

a) El que realizó la efectiva división provincial y fue aprobado en el año 1833.

b) El que aprobó la extinción de las Diputaciones Provinciales en Cataluña.

c) El que realizó la efectiva división provincial y fue aprobado en el año 1843.

d) El que abogó por el carácter regionalista de la provincia.

3. Según la Constitución española:

a) En los Archipiélagos, las Islas tendrán además su administración propia en forma de Cabildos o Consejos.

b) El gobierno y la administración autónoma de las Provincias estarán encomendados a los Ayuntamientos.

c) La Provincia es circunscripción electoral para la elección de Diputados y Senadores.
d) Las respuestas a) y c) son correctas.

4. El territorio de la Nación española se divide en:

a) 40 Provincias.
b) 54 Provincias.
c) 60 Provincias.
d) 50 Provincias.

5. Son fines propios y específicos de la Provincia:

a) Asegurar la prestación integral y adecuada en la totalidad del territorio provincial de los servicios de competencia regional.
b) Participar en la coordinación de la Comunidad Autónoma y el Estado.
c) Garantizar los principios de solidaridad y equilibrio intermunicipales.
d) Asegurar la prestación integral y adecuada en la totalidad del territorio municipal de los servicios públicos.

6. El Presidente de la Diputación deberá jurar o prometer el cargo ante el Pleno de la misma:

a) Ante la Subdelegación del Gobierno.
b) Ante la Delegación del Gobierno.
c) Ante el Pleno de la misma.
d) Ante el Consejo de Diputaciones.

7. El mandato del Presidente de la Diputación será:

a) Por cinco años, pero puede ser destituido de su cargo mediante moción de censura o por la pérdida de una cuestión de confianza.
b) Por seis años, pero puede ser destituido de su cargo mediante moción de censura o por la pérdida de una cuestión de confianza.
c) Por cuatro años, pero puede ser destituido de su cargo mediante moción de censura o por la pérdida de una cuestión de confianza.
d) Por cuatro años, pero puede ser destituido de su cargo por votación de la mitad de los diputados provinciales.

8. No es una atribución del Presidente de la Diputación:

a) El planteamiento de conflictos de competencias a otras Entidades locales y demás Administraciones Públicas.
b) El ejercicio de las acciones judiciales y administrativas y la defensa de la Diputación en las materias de su competencia.
c) Representar a la Diputación.
d) Aprobar las bases de las pruebas para la selección del personal.

9. Corresponde al Presidente de la Diputación:

a) El ejercicio de las acciones judiciales y administrativas y la defensa en cualquier materia.
b) El despido del personal laboral.
c) La organización de la Diputación.
d) Ninguna respuesta es correcta.

10. El Presidente de la Diputación puede delegar el ejercicio de sus atribuciones, salvo:

a) El despido del personal laboral.
b) Concertar operaciones de crédito.
c) Aprobar la oferta de empleo público.
d) Las respuestas a) y b) son correctas.

11. Si una provincia tiene entre 500.001 a 1.000.000 residentes le corresponderá el siguiente número de Diputados:

a) 51.
b) 27.
c) 25.
d) 31.

12. Los Diputados se repartirán entre los Partidos Judiciales de la correspondiente Provincia, mediante el sistema de:

a) Asignar a cada Partido Judicial dos Diputados y distribuir los restantes proporcionalmente a la población de los mismos.
b) Asignar a cada Partido Judicial un Diputado y distribuir los restantes proporcionalmente a la población de los mismos.
c) Asignar a cada Partido Judicial diez Diputados y distribuir los restantes proporcionalmente a la población de los mismos.
d) Asignar a cada Partido Judicial dos Diputados y distribuir los restantes por el sistema de D'Hondt.

13. No corresponde al Pleno de la Diputación:

a) La aprobación de la plantilla de personal y la relación de puestos de trabajo.
b) La aprobación de los planes de carácter provincial.
c) Distribuir las retribuciones complementarias que no sean fijas y periódicas.
d) La declaración de lesividad de los actos de la Diputación.

14. Es una atribución de la Junta de Gobierno de la Diputación:

a) La asistencia al Pleno en el ejercicio de sus atribuciones.
b) La asistencia a las Comisiones Informativas en el ejercicio de sus atribuciones.

c) La asistencia al Presidente en el ejercicio de sus atribuciones.

d) Las atribuciones que el Pleno le delegue.

15. ¿Se puede perder la condición de Vicepresidente de la Diputación?

a) En ningún caso.

b) Sí, por renuncia expresa manifestada por escrito y por pérdida de la condición de miembro de la Junta de Gobierno.

c) Sí, por renuncia expresa manifestada oralmente y por pérdida de la condición de miembro de la Junta de Gobierno.

d) Sí, por renuncia expresa y por pérdida de la condición de miembro del Pleno.

En MADTEST tienes **más preguntas de este tema**, y todos tus avances quedan registrados y se reflejan en el ranking.

¡Supera tus límites con MADTEST!

Solución al test n.º 3

1. c) La Provincia es una Entidad Local con personalidad jurídica propia, determinada por la agrupación de Municipios y división territorial para el cumplimiento de las actividades del Estado.

2. a) El que realizó la efectiva división provincial y fue aprobado en el año 1833.

3. d) Las respuestas a) y c) son correctas.

4. d) 50 Provincias.

5. c) Garantizar los principios de solidaridad y equilibrio intermunicipales.

6. c) Ante el Pleno de la misma.

7. c) Por cuatro años, pero puede ser destituido de su cargo mediante moción de censura o por la pérdida de una cuestión de confianza.

8. a) El planteamiento de conflictos de competencias a otras Entidades locales y demás Administraciones Públicas.

9. b) El despido del personal laboral.

10. d) Las respuestas a) y b) son correctas.

11. b) 27.

12. b) Asignar a cada Partido Judicial un Diputado y distribuir los restantes proporcionalmente a la población de los mismos.

13. c) Distribuir las retribuciones complementarias que no sean fijas y periódicas.

14. c) La asistencia al Presidente en el ejercicio de sus atribuciones.

15. b) Sí, por renuncia expresa manifestada por escrito y por pérdida de la condición de miembro de la Junta de Gobierno.

Régimen de sesiones y acuerdos de los órganos de gobierno locales. Actas, certificaciones, comunicaciones, notificaciones y publicación de los acuerdos. El registro de Documentos. La utilización de medios telemáticos

1. El Registro General permanecerá abierto al público:

a) Todos los días naturales.
b) Todos los días hábiles.
c) Todos los días incluidos los fines de semana.
d) Los días alternos.

2. En el Registro de Salida se anotarán:

a) Los oficios y notificaciones, certificaciones, expedientes o resoluciones.
b) Los apuntes contables.
c) Las órdenes y comunicaciones.
d) Las respuestas a) y c) son correctas.

3. Si el documento presentado a Registro no reuniera los datos exigidos por la legislación reguladora del procedimiento administrativo común:

a) Se concederá un plazo de tres días para su subsanación.
b) Se invitará al interesado a que retire el documento.
c) Se apercibirá al interesado.
d) Se concederá un plazo de diez días para su subsanación.

4. Atendiendo a su finalidad fundamental, puede definirse la sesión como:

a) Un acto más del procedimiento.
b) Una reunión de los miembros de la Corporación.
c) Un procedimiento que tiene por objeto la formación y declaración de voluntad del órgano colegiado.
d) Una conferencia expositiva.

5. Las sesiones pueden ser:

a) Ordinarias y extraordinarias.
b) Ordinarias y permanentes.
c) Permanentes y especiales.
d) Ordinarias, extraordinarias y extraordinarias urgentes.

6. La periodicidad de las sesiones extraordinarias es:

a) Como mínimo cada mes en los Ayuntamientos de municipios de más de 20.000 habitantes.
b) Cada dos meses en los Ayuntamientos de los municipios de una población entre 5.001 habitantes y 20.000 habitantes.
c) Las sesiones extraordinarias no están sujetas a periodicidad.
d) Cada tres meses en los municipios de hasta 5.000 habitantes.

7. Si el Presidente no convocase el Pleno extraordinario solicitado por la cuarta parte, al menos, del número legal de miembros de la Corporación dentro del plazo de quince días hábiles desde que fuera solicitado:

a) Quedará automáticamente convocado para el décimo día hábil siguiente al de la finalización de dicho plazo, a las once horas.
b) Quedará automáticamente convocado para el undécimo día hábil siguiente al de la finalización de dicho plazo, a las doce horas.
c) Quedará automáticamente convocado para el décimo día hábil siguiente al de la finalización de dicho plazo, a las doce horas.
d) Ninguna respuesta es correcta.

8. La convocatoria de las sesiones dará lugar a la apertura del correspondiente expediente, en el que no deberá constar:

a) La constancia de las tasas que procedan.
b) La relación de expedientes conclusos.
c) La fijación del Orden del Día.
d) Minuta del Acta.

9. En el Orden del Día de las sesiones ordinarias se incluirá el punto de ruegos y preguntas:

a) De todos los asistentes.
b) Siempre.

c) De las asociaciones de vecinos.

d) En determinados casos.

10. ¿Es posible habilitarse otro edificio o local para la celebración de las sesiones?

a) En los casos de fuerza mayor.

b) En ningún caso.

c) Se celebrarán en la Casa Consistorial y si no es posible se suspenderá la sesión.

d) En todo caso, se celebrarán en Palacio Provincial o sede de la Corporación de que se trate.

11. Quien se considere aludido por una intervención podrá solicitar del Alcalde o Presidente:

a) La concesión de un turno por alusiones por tiempo de tres minutos.

b) Retirarse de la sesión.

c) Que se conceda un turno por alusiones, que será breve y conciso.

d) La concesión de un turno por alusiones por tiempo de cinco minutos.

12. ¿En qué consiste la moción?

a) Es la propuesta sometida a Pleno tras el estudio del expediente por la Comisión Informativa.

b) Es la propuesta que se somete a Pleno relativa a un asunto incluido en el Orden del Día sin haber pasado por la Comisión Informativa.

c) Es la propuesta que se somete directamente a conocimiento del Pleno, sobre un asunto no comprendido en el Orden del Día y que no tiene cabida en el punto de ruegos y preguntas.

d) Es la propuesta de modificación de un dictamen formulada por un miembro de la Comisión Informativa.

13. La votación podrá ser:

a) Por nombre y apellidos o por partido político.

b) Nominal, secreta y en voz alta.

c) Secreta y no secreta.

d) Nominal, secreta y ordinaria.

14. La votación secreta:

a) Podrá utilizarse para la aprobación de las Ordenanzas.

b) Solo podrá utilizarse para elección o destitución de personas.

c) Solo podrá utilizarse para la aprobación del Presupuesto.

d) Solo podrá utilizarse para el despido del personal laboral.

15. En los municipios de gran población no se exigirá el voto favorable de la mayoría absoluta del número legal de miembros del Pleno para:

a) La concertación de las operaciones de crédito.

b) Los acuerdos relativos a la participación en organizaciones supramunicipales.

c) La aprobación y modificación de los reglamentos de naturaleza orgánica.

d) Los acuerdos relativos a la delimitación y alteración del término municipal.

En MADTEST tienes **más preguntas de este tema**, y todos tus avances quedan registrados y se reflejan en el ranking.

¡Supera tus límites con MADTEST!

Solución al test n.º 4

1. b) Todos los días hábiles.

2. d) Las respuestas a) y c) son correctas.

3. d) Se concederá un plazo de diez días para su subsanación.

4. c) Un procedimiento que tiene por objeto la formación y declaración de voluntad del órgano colegiado.

5. d) Ordinarias, extraordinarias y extraordinarias urgentes.

6. c) Las sesiones extraordinarias no están sujetas a periodicidad.

7. c) Quedará automáticamente convocado para el décimo día hábil siguiente al de la finalización de dicho plazo, a las doce horas.

8. a) La constancia de las tasas que procedan.

9. b) Siempre.

10. a) En los casos de fuerza mayor.

11. c) Que se conceda un turno por alusiones, que será breve y conciso.

12. c) Es la propuesta que se somete directamente a conocimiento del Pleno, sobre un asunto no comprendido en el Orden del Día y que no tiene cabida en el punto de ruegos y preguntas.

13. d) Nominal, secreta y ordinaria.

14. b) Solo podrá utilizarse para elección o destitución de personas.

15. a) La concertación de las operaciones de crédito.

TEST ESPECÍFICO

TEST N.º 5

Medicación: Administración y diferentes vías. Técnicas de preparación. Almacenamiento y conservación

1. Toda sustancia empleada en la fabricación de un medicamento, ya permanezca inalterada, se modifique o desaparezca en el transcurso del proceso, se llama:

a) Excipiente.
b) Coadyuvante.
c) Materia prima.
d) Principio activo.

2. ¿Mediante qué normativa de estas se aprueba el texto refundido de la Ley de garantías y uso racional de los medicamentos y productos sanitarios?

a) Real Decreto 213/2010.
b) Ley 15/1999.
c) Ley 41/2002.
d) Real Decreto Legislativo 1/2015.

3. ¿Cómo se denomina al componente de un medicamento distinto del principio activo y del material de acondicionamiento?

a) Principio activo.
b) Coadyuvante.
c) Excipiente.
d) Principio pasivo.

4. Los medicamentos fotosensibles son aquellos que deben conservarse:

a) En la luz.
b) En el frigorífico.
c) En el congelador.
d) En la oscuridad.

5. ¿Qué rama de la farmacología trata el estudio y características físico-químicas de las materias primas o principios activos de origen biológico destinadas a la preparación del fármaco?

a) Farmacodinamia.
b) Farmacognosia.
c) Farmacocinética.
d) Farmacotecnia.

6. ¿Qué medicación se emplea en la prevención de enfermedades?

a) Analgésicos.
b) Antibióticos.
c) Vacunas.
d) Anticatarrales.

7. Es sinónimo de farmacia galénica:

a) Farmacodinamia.
b) Farmacognosia.
c) Farmacocinética.
d) Farmacotecnia.

8. ¿Qué parte de la farmacología estudia los mecanismos de acción y efectos de los fármacos en el organismo?

a) Farmacoterapia.
b) Farmacocinética.
c) Farmacodinámica.
d) Farmacognosia.

9. Las siglas LADME de un medicamento tiene que ver con su:

a) Farmacodinamia.
b) Farmacocinética.
c) Farmacognosia.
d) Farmacotecnia.

10. ¿Cuál es la vía de administración de un fármaco donde este llevará a cabo su absorción a través del estómago e intestino?

a) Vía oral.
b) Vía parenteral.
c) Vía tópica.
d) Ninguna de las anteriores.

11. El efecto primario pretendido, es decir, la razón por la cual se prescribe el fármaco, con una dosis mínima eficaz es el efecto:

a) Secundario.
b) Lateral.
c) Terapéutico.
d) Adverso.

12. ¿Qué medicamentos no se presentan en forma farmacéutica líquida?

a) Suspensiones.
b) Emulsiones.
c) Cremas.
d) Todas son formas líquidas.

13. ¿Cuál de estas no consideras una forma sólida de medicamentos?

a) Polvos.
b) Comprimidos.
c) Supositorios.
d) Son todas formas sólidas.

14. ¿Qué medicamento se presenta de forma farmacéutica líquida?

a) Elixires.
b) Pastas.
c) Linimentos.
d) Ungüentos.

15. ¿Cómo se denomina a un efecto farmacológico no deseado?

a) Reacción coadyuvante.
b) Interacción medicamentosa.
c) Reacción adversa.
d) Reacción yatrogénica.

En MADTEST tienes **más preguntas de este tema**, y todos tus avances quedan registrados y se reflejan en el ranking.

¡Supera tus límites con MADTEST!

Solución al test n.º 5

1. c) Materia prima.

2. d) Real Decreto Legislativo 1/2015.

3. c) Excipiente.

4. d) En la oscuridad.

5. b) Farmacognosia.

6. c) Vacunas.

7. d) Farmacotecnia.

8. c) Farmacodinámica.

9. b) Farmacocinética.

10. a) Vía oral.

11. c) Terapéutico.

12. c) Cremas.

13. d) Son todas formas sólidas.

14. a) Elixires.

15. c) Reacción adversa.

TEST N.º 6

Movilización en pacientes encamados. Higiene y aseo. Técnicas de baño asistido. Prevención de úlceras por presión. Deambulación y medios auxiliares

1. El aparato locomotor se encarga de:

a) La estática.
b) El desplazamiento.
c) Dar respuesta sensitiva.
d) El equilibrio ortostático.

2. ¿Qué porción anatómica no forma parte del aparato locomotor?

a) Músculos.
b) Huesos.
c) Articulaciones.
d) Nervios.

3. ¿Qué hueso es largo?

a) Húmero.
b) Escafoides.
c) Calcáneo.
d) Coxal.

4. ¿Qué hueso es corto?

a) Ganchoso.
b) Peroné.
c) Tibia.
d) Cúbito.

5. ¿Qué hueso es plano?

a) Fémur.
b) Omóplato.

c) Astrágalo.
d) Clavícula.

6. ¿Cuántas piezas óseas fijas posee nuestro esqueleto?

a) 157.
b) 193.
c) 206.
d) 214.

7. ¿Qué hueso es radiado?

a) Fémur.
b) Esfenoides.
c) Hioides.
d) Tiroides.

8. ¿Qué hueso es arqueado?

a) Radio.
b) Etmoides.
c) Hioides.
d) Unguis.

9. ¿Qué hueso es papiráceo?

a) Húmero.
b) Etmoides.
c) Mandíbula.
d) Peroné.

10. ¿Cómo se denominan los huesos en los que predomina la anchura sobre las demás dimensiones?

a) Huesos planos.
b) Huesos largos.
c) Huesos cortos.
d) Huesos irregulares.

11. ¿Cómo se denominan los huesos que presentan un cuerpo más o menos voluminoso del que parten una serie de ramificaciones?

a) Huesos radiados.
b) Huesos arqueados.

c) Huesos papiráceos.
d) Huesos anchos.

12. ¿Qué eje predomina en los huesos largos?

a) El eje longitudinal.
b) El eje transversal.
c) El eje sagital.
d) El eje horizontal.

13. ¿Dónde se produce la sangre?

a) En la médula del sistema nervioso central.
b) En la médula de nuestros huesos.
c) En la cavidad abdominal.
d) En la cavidad pélvica.

14. ¿Qué componente es el esencialmente el osteoide de los huesos?

a) Mineral.
b) Colágeno.
c) Azúcar.
d) Lípido.

15. ¿Qué sustancia mineral es la más abundante en los cristales de hidroxiapatita del hueso?

a) Calcio.
b) Magnesio.
c) Potasio.
d) Sodio.

En MADTEST tienes **más preguntas de este tema**, y todos tus avances quedan registrados y se reflejan en el ranking.

¡Supera tus límites con MADTEST!

Solución al test n.º 6

1. b) El desplazamiento.

2. d) Nervios.

3. a) Húmero.

4. a) Ganchoso.

5. b) Omóplato.

6. c) 206.

7. b) Esfenoides.

8. c) Hioides.

9. b) Etmoides.

10. a) Huesos planos.

11. a) Huesos radiados.

12. a) El eje longitudinal.

13. b) En la médula de nuestros huesos.

14. b) Colágeno.

15. a) Calcio.

Tipos de dietas. Técnicas de administración de comidas. Control de alérgenos. Balance de ingesta sólida y líquida y eliminación

1. El tubo digestivo tiene una longitud aproximada de:

a) 5 a 7,5 m.
b) 7 a 10 m.
c) 10 a 12 m.
d) 14 a 18 m.

2. ¿Qué papilas de la lengua forman la V lingual?

a) Caliciformes.
b) Filiformes.
c) Mucosas.
d) Fungiformes.

3. ¿Qué estructura dentaria presenta una corona cuadrangular con dos cúspides y raíz simple?

a) Incisivo.
b) Canino.
c) Premolar.
d) Molar.

4. ¿Qué músculos de estos durante la masticación no tiran de la mandíbula hacia arriba?

a) Temporales.
b) Pterigoideos internos.
c) Digástricos.
d) Maseteros.

5. La zona de entrada al estómago se llama:

a) Fundus.
b) Fórnix.
c) Cardias.
d) Píloro.

6. ¿Qué porción del intestino grueso cruza la cavidad abdominal de derecha a izquierda?

a) Recto.
b) Ciego.
c) Colon sigmoideo.
d) Colon transverso.

7. ¿Qué esfínter delimita el final del esófago y el comienzo del estómago?

a) Píloro.
b) Zenker.
c) Cardias.
d) Bahuin.

8. ¿Qué glándulas salivales son las de mayor tamaño?

a) Parótidas.
b) Submandibulares.
c) Submaxilares.
d) Sublinguales.

9. ¿Cómo se denomina el conducto principal del páncreas secretor de jugo pancreático a duodeno?

a) Conducto de Vater.
b) Conducto de Santorini.
c) Conducto de Wirsung.
d) Conducto de Bahuin.

10. ¿Qué produce la bilis?

a) La vesícula biliar.
b) El hígado.
c) El páncreas.
d) Los tres anteriores.

11. ¿Qué produce las ulceraciones del estoma?

a) La aplicación sucesiva de las bolsas.
b) El uso inadecuado del dispositivo recolector.
c) Una alteración de la circulación de la sangre en la zona.
d) La progresión del tumor maligno.

12. ¿Qué fermento digestivo proteolítico se produce en el estómago?

a) Pepsina.
b) Tripsina.
c) Quimiotripsina.
d) Proteus.

13. ¿Qué compuesto es el mayoritario en las heces (masa fecal) en condiciones normales?

a) Fibra.
b) Grasa.
c) Proteína.
d) Agua.

14. La sensación de sequedad en la boca se denomina:

a) Glosonco.
b) Estomatitis seca.
c) Estomatosis.
d) Xerostomía.

15. ¿A qué parte del estómago de las que se nombra, afecta la denominada gastritis crónica tipo A?

a) Fundus.
b) Cardias.
c) Antro.
d) Píloro.

Solución al test n.º 7

1. c) 10 a 12 m.

2. a) Caliciformes.

3. c) Premolar.

4. c) Digástricos.

5. c) Cardias.

6. d) Colon transverso.

7. c) Cardias.

8. a) Parótidas.

9. c) Conducto de Wirsung.

10. b) El hígado.

11. b) El uso inadecuado del dispositivo recolector.

12. a) Pepsina.

13. d) Agua.

14. d) Xerostomía.

15. a) Fundus.

TEST N.º 8

Definición de geriatría y gerontología. Cambios durante el envejecimiento. Valoración geriátrica. El cuidador de enfermos con deterioro cognitivo

1. ¿Qué edad en el anciano de las que se exponen está definida por el envejecimiento de sus órganos y tejidos?

a) Edad psíquica.
b) Edad fisiológica.
c) Edad cronológica.
d) Edad social.

2. ¿Qué ciencia estudia a la persona como un ser integral, teniendo en cuenta el medio ambiente, la situación socioeconómica y familiar donde vive el anciano, etc.?

a) Geriatría.
b) Gerontología biológica.
c) Gerontología psicológica.
d) Gerontología social.

3. ¿Cuántos años aproximadamente más se incrementa la esperanza de vida en España al llegar una persona a la edad de 65 años?

a) Se incrementa aproximadamente 4 años.
b) Se incrementa aproximadamente 8 años.
c) Se incrementa aproximadamente 18 años.
d) Se incrementa aproximadamente 25 años.

4. ¿Cuál de los siguientes grupos se caracteriza por ser personas de 85 años en adelante, con mayor propensión a fracturas, enfermedades y dificultades para organizar su itinerario diario?

a) Viejo joven.
b) Viejo viejo.
c) Viejo de edad avanzada.
d) Envejecimiento secundario.

5. La senectud se caracteriza por:

a) Un marasmo senil.
b) La no persistencia de la vejez propiamente dicha.
c) La falta de alteraciones parenquimatosas y glandulares.
d) Nada de lo anterior.

6. ¿Qué edad se corresponde con el estado funcional de los órganos de nuestro cuerpo comparados con patrones estándar establecidos para cada edad o grupos de edad?

a) Edad cronológica.
b) Edad biológica.
c) Edad social.
d) Edad funcional.

7. ¿Qué forma poseerá la pirámide de Bulgdofer si es la representación de una población joven?

a) Forma triangular.
b) Forma ojival.
c) Forma rectangular.
d) Forma de ánfora.

8. ¿Qué población predominará, según las edades, si el índice de Sundbarg vale 15 %?

a) Población joven, con más niños que propiamente jóvenes.
b) Población joven, con más jóvenes que niños.
c) Población de transición, entre jóvenes y ancianos (adultos no ancianos).
d) Población envejecida, donde predominan los ancianos sobre las demás edades.

9. Al conjunto de niveles de atención que, desde una óptica sanitaria y social, debe garantizar la calidad de vida de los ancianos habitantes de un área sectorizada, proporcionando respuestas adecuadas a las diferentes situaciones de enfermedad o de dificultad social que aquellos presenten, se denomina:

a) Trabajo social geriátrico.
b) Asistencia geriátrica.
c) Cuidados gerontes.
d) Institucionalización del anciano.

10. De las que se nombran, ¿cuál de las causas de alta hospitalaria en mayores de 65 años es más frecuente?

a) Enfermedades del aparato respiratorio.
b) Tumores.
c) Enfermedades del aparato digestivo.
d) Enfermedades del aparato cardiocirculatorio.

11. ¿Sobre qué metodología del acto geriátrico de valoración es necesario realizarla de la manera más real posible?

a) Respecto a las actividades básicas de la vida diaria (ABVD o AVD).
b) Respecto a las actividades complejas de la Vida diaria (ACVD).
c) Respecto a las actividades instrumentales de la vida diaria (AIVD).
d) Respecto a las actividades usuales diarias (AUD).

12. El anciano que, siendo frágil, sufre problemas mentales y/o sociales en relación con su estado de salud, enfermedades de base crónica y manifiesta dependencia para las actividades básicas de la vida diaria, por lo que precisa ayuda de otros (que generalmente requiere institucionalización), se denomina:

a) Anciano frágil propiamente dicho.
b) Anciano sano.
c) Anciano enfermo.
d) Paciente geriátrico.

13. ¿Qué modificaciones de la piel del anciano es incorrecta?

a) Se va volviendo descolorida.
b) Aumenta en ella el grosor de los vasos sanguíneos.
c) Se vuelve más húmeda y con ello sudorosa y menos frágil.
d) Todo lo anterior es correcto.

14. Las denominadas «placas seniles» se observan en cerebros:

a) Ancianos con diabetes.
b) Aquejados de psoriasis.
c) Senescentes y en aquejados de demencia senil.
d) Jóvenes aquejados de demencia senil.

15. ¿Qué modificaciones o aspectos psicológicos son incorrectos en el anciano?

a) El descenso de las funciones intelectuales en los ancianos guarda una relación directa con la edad cronológica, y es independiente del nivel cultural que posea.
b) Disminución de la autoestima.
c) Aparece desinterés por las cosas.
d) Ninguna de las anteriores es incorrecta.

En MADTEST tienes **más preguntas de este tema**, y todos tus avances quedan registrados y se reflejan en el ranking.

¡Supera tus límites con MADTEST!

Solución al test n.º 8

1. b) Edad fisiológica.

2. d) Gerontología social.

3. c) Se incrementa aproximadamente 18 años.

4. c) Viejo de edad avanzada.

5. c) La falta de alteraciones parenquimatosas y glandulares.

6. b) Edad biológica.

7. a) Forma triangular.

8. d) Población envejecida, donde predominan los ancianos sobre las demás edades.

9. b) Asistencia geriátrica.

10. d) Enfermedades del aparato cardiocirculatorio.

11. a) Respecto a las actividades básicas de la vida diaria (ABVD o AVD).

12. d) Paciente geriátrico.

13. c) Se vuelve más húmeda y con ello sudorosa y menos frágil.

14. c) Senescentes y en aquejados de demencia senil.

15. a) El descenso de las funciones intelectuales en los ancianos guarda una relación directa con la edad cronológica, y es independiente del nivel cultural que posea.

TEST N.º 9

**Higiene del recién nacido. Cuidados del cordón umbilical.
Prevención de plagiocefalias del recién nacido**

1. De las siguientes medidas que permiten la clasificación del recién nacido, señala la incorrecta:

a) La adecuación del peso a la edad gestacional.
b) El color.
c) El perímetro cefálico.
d) La edad gestacional.

2. El Test de Apgar se realiza:

a) Nunca.
b) Al minuto y a los cinco minutos.
c) A los cinco minutos y a la hora.
d) Si está el recién nacido mal, cada 5 minutos, hasta su estabilización.

3. ¿Qué parámetro no se valora en el test de Apgar?

a) Frecuencia cardiaca.
b) Frecuencia respiratoria.
c) Coloración.
d) Irritabilidad refleja.

4. El perímetro cefálico del recién nacido normal oscila entre:

a) 40-45 cm.
b) 40-42 cm.
c) 32-35 cm.
d) 20 cm.

5. ¿Qué es el lanugo?

a) Aparece con frecuencia sobre la región sacra y suele desparecer al año de vida.
b) El vello que aparece en brazos y en el dorso del recién nacido a término.
c) Es de aspecto blanquecino que recubre la piel del feto y que desaparece a las pocas horas de vida.
d) Pequeños quistes sebáceos.

6. El unto sebáceo, de aspecto blanquecino, que recubre la piel del feto y que desaparece a las pocas horas de vida, se denomina:

a) Vérnix caseoso.
b) Lanugo.
c) Millium.
d) Ninguna es correcta.

7. El meconio, en general, se expulsa:

a) En las primeras 48 horas de vida.
b) En la primera hora de vida.
c) A los cinco días del nacimiento.
d) A partir de la semana de nacimiento.

8. El meconio es de color:

a) Café verdoso negruzco.
b) Negro.
c) Amarillo con vetas rojas.
d) Verde.

9. El meconio está compuesto por:

a) Bilis, mucosidad y orina.
b) Bilirrubina, hemoglobina y pigmentos biliares.
c) Bilis, restos epiteliales y líquido amniótico.
d) Bilis, orina y líquido pulmonar.

10. ¿Cuántas micciones son las normales en un recién nacido?

a) 10 micciones.
b) 20 micciones.
c) 15 micciones.
d) 25 micciones.

11. El reflejo pupilar se produce cuando:

a) Por acción de la luz se produce una midriasis pupilar.
b) Por acción de la luz se produce una contracción de la pupila.
c) Consiste en la contracción de la retina por el efecto de la luz.
d) El recién nacido está semicomatoso.

12. El que un niño sano pueda sostener un objeto con la mano al quinto mes de vida es una respuesta evolutiva:

a) De motor fino.
b) De desarrollo psicosocial.
c) De motor grueso.
d) Las respuestas b) y c) son correctas.

13. El Test de Velasco o test de valoración obstétrico-fetal establece 6 parámetros. Indica cuál de los siguientes no se valora:

a) Problemas en el embarazo.
b) Anestesia.
c) Rotura de la bolsa amniótica.
d) Sufrimiento maternal.

14. El control de la cabeza y cuello se inicia:

a) Entre el 1.ᵉʳ y 3.ᵉʳ mes de vida.
b) Hacia el 3.ᵉʳ mes de vida.
c) Hacia el 4.º mes de vida.
d) Entre el 3.ᵉʳ y 6.º mes de vida.

15. Indica, de las siguientes respuestas, cuál de ellas no sigue la secuencia general del desarrollo infantil en las habilidades motoras gruesas o burdas:

a) El niño levanta ligeramente la cabeza y la barbilla, desde la posición de decúbito prono a los 4 meses.
b) A los 8 meses es capaz de sujetar con una mano para ponerse en pie.
c) A los 12 meses puede dar pasos sin apoyo y algunos pueden incluso andar.
d) A los 18 meses camina solo.

En MADTEST tienes **más preguntas de este tema**, y todos tus avances quedan registrados y se reflejan en el ranking.

¡Supera tus límites con MADTEST!

Solución al test n.º 9

1. b) El color.

2. b) Al minuto y a los cinco minutos.

3. b) Frecuencia respiratoria.

4. c) 32-35 cm.

5. b) El vello que aparece en brazos y en el dorso del recién nacido a término.

6. a) Vérnix caseoso.

7. a) En las primeras 48 horas de vida.

8. a) Café verdoso negruzco.

9. c) Bilis, restos epiteliales y líquido amniótico.

10. c) 15 micciones.

11. b) Por acción de la luz se produce una contracción de la pupila.

12. a) De motor fino.

13. d) Sufrimiento maternal.

14. d) Entre el 3.ᵉʳ y 6.º mes de vida.

15. a) El niño levanta ligeramente la cabeza y la barbilla, desde la posición de decúbito prono a los 4 meses.

Períodos del crecimiento. Técnicas de estimulación del desarrollo psicomotor

1. El desarrollo madurativo del cerebro y la predisposición de este a atender a determinados estímulos, están predeterminados por:

a) La maduración psíquica.
b) La herencia genética.
c) El ambiente.
d) La combinación de las dos anteriores.

2. La información que le llega al niño a través del cerebro y que este va integrando va a dar lugar:

a) Al conocimiento.
b) Al estímulo.
c) Al reflejo.
d) A la percepción.

3. Que se desarrollan antes las partes corporales centrales que las alejadas de este centro corresponde a la ley:

a) Céfalo-caudal.
b) De la coordinación.
c) Aproximación cervical.
d) Próximo-distal.

4. Según Moraleda, ¿qué grado de influencia tiene el aprendizaje sobre las leyes de la maduración de la motricidad?

a) Mucha.
b) Ninguna.
c) Poca.
d) Bastante.

5. Según Ballesteros, la representación mental del propio cuerpo, de sus partes, de sus posibilidades de movimiento y de sus limitaciones espaciales se refiere a:

a) La ley próximo-distal.
b) La psicomotricidad.
c) El esquema corporal.
d) La ley céfalo-caudal.

6. La sensibilidad y los desplazamientos son elementos a través de los cuales se lleva a cabo la adquisición:

a) Del desarrollo corporal.
b) De la percepción corporal.
c) Del equilibrio postural.
d) Del esquema corporal.

7. Las informaciones sobre las cualidades externas del propio cuerpo, a través de impresiones cutáneas, visuales, auditivas, gustativas y olfativas se refieren a la sensibilidad:

a) Exteroceptiva.
b) Propioceptiva.
c) Interoceptiva.
d) Anterioceptiva.

8. La sensibilidad que se produce a través de las sensaciones recibidas desde los órganos terminales sensitivos situados en los músculos, tendones y articulaciones se denomina:

a) Interoceptiva.
b) Propioceptiva.
c) Interoceptiva.
d) Anterioceptiva.

9. ¿Qué controlan las motoneuronas?

a) La tonicidad.
b) El movimiento.
c) La psicomotricidad.
d) La hipertensión muscular.

10. El espacio se domina antes en el terreno...

a) De la acción que de la representación.
b) De la representación que de la acción.
c) Las dos anteriores son incorrectas.
d) De la presentación que de la reacción.

11. Las conductas involuntarias que se producen ante un estímulo se denominan:

a) Movimientos.
b) Deseos.
c) Reflejos.
d) Estímulos.

12. La dominancia de la mano se produce sobre los:

a) 2/3 años.
b) 3/4 años.
c) 4/5 años.
d) A los 2 años.

13. Al estimular la palma de la mano el niño flexionará los dedos fuertemente sobre el estímulo. ¿Cómo se denomina este reflejo?

a) Darwiniano.
b) De Moro.
c) De Babinski.
d) De Papaglia.

14. ¿Hacia que mes el niño puede sentarse sin apoyos?

a) Hacia el décimo.
b) Hacia el quinto.
c) Hacia el onceavo.
d) Hacia el séptimo.

15. ¿Durante qué tiempo se accede a la representación y a la compresión práctica de ciertas relaciones espaciales?

a) Durante el segundo año.
b) Durante el tercer año.
c) Sobre los diez meses.
d) Al cuarto año.

En MADTEST tienes **más preguntas de este tema**, y todos tus avances quedan registrados y se reflejan en el ranking.

¡Supera tus límites con MADTEST!

Solución al test n.º 10

1. b) La herencia genética.

2. d) A la percepción.

3. d) Próximo-distal.

4. b) Ninguna.

5. c) El esquema corporal.

6. d) Del esquema corporal.

7. a) Exteroceptiva.

8. b) Propioceptiva.

9. a) La tonicidad.

10. a) De la acción que de la representación.

11. c) Reflejos.

12. b) 3/4 años.

13. a) Darwiniano.

14. d) Hacia el séptimo.

15. a) Durante el segundo año.

TEST N.º 11

Técnicas de alimentación. Control de alérgenos

1. Una de las formas que tenemos para la administración de la nutrición enteral es la administración mediante sonda nasogástrica. La alimentación por SNG también se conoce como:

a) Alimentación natural.
b) Alimentación forzada.
c) Alimentación enteral.
d) Alimentación artificial.

2. Una de las formas que tenemos para la administración de la nutrición enteral es la administración mediante sonda nasogástrica, para colocar la SNG deberemos poner al paciente en la posición:

a) Fowler.
b) Prono.
c) Supino.
d) Mahometano.

3. En la colocación de la SNG deberemos seguir una serie de instrucciones, una vez colocada debe llegar desde una de las fosas nasales hasta el estómago. Para saber si está bien colocada deberemos:

a) Pedir al paciente que hable.
b) Insuflar aire por la SNG y escuchar con el fonendoscopio.
c) Aspirar contenido gástrico.
d) Todas son ciertas.

4. Existen muchos tipos de SNG; estas son utilizadas para la administración de nutrición enteral, aunque también tienen otros usos. Si queremos realizar un lavado gástrico, normalmente usaremos una sonda de:

a) Levin.
b) Salem.

c) Foucher.

d) Miller – Abbott.

5. La broncoaspiración es una de las complicaciones que pueden surgir en la alimentación enteral, los cuidados de enfermería dirigidos a evitar esta complicación son:

a) Colocar una sonda apropiada al tipo de alimentación administrado.

b) Limpieza de la sonda con agua cada vez que se inicie y se termine la nutrición.

c) Colocar al paciente en posición de Fowler durante la ingesta y una hora después de la misma.

d) Colocar una sonda de 3 vías siempre que sea posible.

6. Una de las formas de nutrir a los pacientes con problemas es la nutrición parenteral, que consiste en:

a) Administrar los nutrientes que el paciente necesite.

b) Administrar fórmulas dietéticas por vía intravenosa para mantener la síntesis de proteínas.

c) Introducir complejos dietéticos directamente en el estómago para compensar las pérdidas nutricionales del paciente.

d) Todas son falsas.

7. Una de las formas de nutrir a los pacientes con problemas es la nutrición parenteral; sus principales complicaciones pueden ser de varios tipos; entre las complicaciones metabólicas que pueden aparecer encontramos:

a) Exceso de nitrógeno.

b) Infección.

c) Neumotórax.

d) Flebitis.

8. Una de las formas de nutrir a los pacientes con problemas es la nutrición parenteral; este tipo de alimentación está indicado en:

a) Grandes quemados.

b) Cirugía abdominal.

c) Pacientes con efectos secundarios a la radioterapia.

d) Todas son ciertas.

9. Las soluciones de la nutrición parenteral necesitan una manipulación con la máxima asepsia, deberemos conservarlas en el frigorífico, aunque al administrarla deberá a estar a una temperatura de:

a) 25 ºC.

b) 30 ºC.

c) 35 ºC.
d) Ambiente.

10. La alimentación enteral consiste en el empleo de sondas o catéteres para hacer llegar el alimento a:

a) La boca.
b) El sistema gastrointestinal.
c) La vena o arteria más accesible.
d) Las opciones a) y c) son correctas.

11. ¿En qué posición se debe de colocar al paciente al que se le administra por vía oral la nutrición enteral, si éste presenta patología en la deglución y está encamado? En posición de:

a) Litotomía.
b) Fowler.
c) Morestin.
d) Trendelembürg.

12. ¿Qué técnica de nutrición enteral se denomina también alimentación forzada?

a) Nutrición enteral mediante alimentación por vía oral en paciente encamado.
b) Nutrición enteral mediante alimentación por sonda nasogástrica.
c) Nutrición enteral mediante alimentación por enterostomías.
d) Nutrición enteral mediante alimentación por vía oral en paciente pediátrico.

13. ¿En qué patologías está contraindicada la nutrición enteral mediante alimentación por sonda nasogástrica?

a) Parálisis faríngeas.
b) Pacientes inconscientes.
c) Obstrucciones nasofaríngeas o esofágicas.
d) Las opciones a) y c) son correctas.

14. Todo lo que se expone respecto al procedimiento de colocación de una sonda nasogástrica es cierto, excepto:

a) Se emplea como material lubricante hidrosoluble y gasas/ guantes desechables.
b) Colocar al paciente en posición de Fowler o Semifowler con la parte superior de la cama levantada.
c) Verificar que no existe ningún tipo de obstrucción en la boca y fosas nasales del paciente.
d) No se debe quitar la dentadura removible del paciente que la posea.

15. ¿Qué propiedad poseen las sondas nasogástricas no reactivas de éstas?

a) Se endurecen con el uso.
b) Son más rígidas que las de polietileno.
c) Se deben cambiarse cada 3 a 4 días.
d) Son más fáciles de colocar que las de polietileno.

En MADTEST tienes **más preguntas de este tema**, y todos tus avances quedan registrados y se reflejan en el ranking.

¡Supera tus límites con MADTEST!

Solución al test n.º 11

1. b) Alimentación forzada.

2. a) Fowler.

3. d) Todas son ciertas.

4. c) Foucher.

5. c) Colocar al paciente en posición de Fowler durante la ingesta y una hora después de la misma.

6. b) Administrar fórmulas dietéticas por vía intravenosa para mantener la síntesis de proteínas.

7. a) Exceso de nitrógeno.

8. d) Todas son ciertas.

9. d) Ambiente.

10. b) El sistema gastrointestinal.

11. b) Fowler.

12. b) Nutrición enteral mediante alimentación por sonda nasogástrica.

13. c) Obstrucciones nasofaríngeas o esofágicas.

14. d) No se debe quitar la dentadura removible del paciente que la posea.

15. d) Son más fáciles de colocar que las de polietileno.

TEST N.º 12

Importancia de la implementación de medidas higiénico preventivas frente a enfermedades infectocontagiosas

1. Inhibir el crecimiento bacteriano es un efecto:

a) Virucida.
b) Bactericida.
c) Micostático.
d) Bacteriostático.

2. Una esterilización destruye o elimina:

a) Todos los gérmenes patógenos.
b) Todos los gérmenes no patógenos.
c) Las formas de resistencia o esporas.
d) Todo lo anterior.

3. ¿Cómo se denomina la desinfección que se realiza cuando se ha producido el alta del paciente y las circunstancias lo indican?

a) Desinfección definitiva.
b) Desinfección final.
c) Desinfección concurrente.
d) Desinfección altisima.

4. ¿Qué tipo de acción presenta un desinfectante que es activo frente a virus lipídicos de tamaño medio, virus no lipídicos pequeños, bacterias en su forma vegetativa, bacilos de Koch y hongos, excepto esporas?

a) Desinfección de muy alto nivel.
b) Desinfección de alto nivel.
c) Desinfección de mediano o intermedio nivel.
d) Desinfección de bajo nivel.

5. ¿Qué afirmación es correcta?

a) No es imprescindible que los objetos que puedan contactar con los tejidos humanos sean esterilizados.

b) La piel no es como tal una efectiva ni adecuada barrera que nos protege del contacto con microorganismos.

c) Cualquier microorganismo que contacte con tejidos humanos puede producir infección.

d) Ante la esterilización de un objeto nunca se debe de limpiar previamente.

6. ¿Cómo se denomina la técnica de desinfección que consiste en sumergir en agua a la temperatura de ebullición el material que se quiere desinfectar?

a) Hervido.

b) Pasteurización.

c) Uperización.

d) Técnica UHT.

7. ¿Qué rayos solares son considerados desinfectantes?

a) Los rayos actínicos.

b) Los rayos ultravioletas.

c) Los rayos infrarrojos.

d) Los rayos láser.

8. ¿Qué procedimiento de estos no es químico como desinfectante?

a) Flujo laminal.

b) Clorhexidina.

c) Povidona yodada.

d) Lejía.

9. ¿Sobre qué bacterias posee una muy buena y efectiva acción desinfectante/ antiséptica, la povidona yodada?

a) Gram +.

b) Gram -.

c) Bacilo de la tuberculosis.

d) Sobre todos los anteriores es muy buena su acción.

10. ¿Qué agente químico de estos se emplea en los hospitales como medio de esterilización?

a) Alcohol etílico al 70%.

b) Óxido de etileno.

c) Bencidinas.

d) Clorhexidina.

11. ¿Qué procedimiento químico como desinfectante se emplea más habitualmente para grandes superficies?

a) Alcohol etílico de 70°.
b) Clorhexidina.
c) Povidona yodada.
d) Lejía (hipoclorito sódico).

12. ¿Qué tiempo requiere el glutaraldehído al 2 % para que lleve a cabo una desinfección por inmersión del material objeto de dicho procedimiento?

a) 1 h.
b) 10 h.
c) 20 minutos.
d) 30 segundos.

13. ¿Qué técnica de desinfección es aquella en la que se empapan las bayetas en una solución y luego se utilizan para fregar?

a) Inmersión.
b) Loción.
c) Aerosol.
d) Fumigación.

14. Para que se formen las brumas o aerosoles es necesario que las gotas microscópicas posean un diámetro menor de:

a) 10 mm.
b) 1 mm.
c) 200 micras.
d) 20 micras.

15. ¿Cuál es la técnica de desinfección que emplea la forma de aerosol en gotas microscópicas (menores de 20 micras de diámetro)?

a) Pulverización.
b) Inmersión.
c) Brumas.
d) Fumigación.

En MADTEST tienes **más preguntas de este tema**, y todos tus avances quedan registrados y se reflejan en el ranking.

¡Supera tus límites con MADTEST!

Solución al test n.º 12

1. d) Bacteriostático.

2. d) Todo lo anterior.

3. b) Desinfección final.

4. c) Desinfección de mediano o intermedio nivel.

5. c) Cualquier microorganismo que contacte con tejidos humanos puede producir infección.

6. a) Hervido.

7. b) Los rayos ultravioletas.

8. a) Flujo laminal.

9. a) Gram +.

10. b) Óxido de etileno.

11. d) Lejía (hipoclorito sódico).

12. c) 20 minutos.

13. b) Loción.

14. d) 20 micras.

15. c) Brumas.

TEST N.º 13

Concepto de humanización. El proceso de comunicación, estilos de comunicación y relación terapéutica

1. En relación con el proceso de la comunicación, indica cuál de las siguientes afirmaciones es incorrecta:

a) La comunicación es el intercambio de significados entre las personas.
b) Comunicarse es compartir informaciones.
c) La comunicación pretende cambiar conceptos, actitudes y hábitos o costumbres de otras personas.
d) La comunicación es un proceso por medio del cual se transmite información en una sola dirección.

2. En un acto comunicativo, antes de que el mensaje sea enviado al receptor, es necesaria:

a) La retroalimentación.
b) La codificación.
c) La canalización.
d) La descodificación.

3. En el proceso de la comunicación, ¿cómo se denomina a la persona que envía el mensaje?

a) Fuente.
b) Codificador.
c) Transmisor.
d) Origen.

4. Cuando dos personas conversan, podemos ver cómo se ha establecido el mensaje entre ambas, si se asimila bien el mensaje y se comprende lo que se quiere transmitir a través de:

a) La descodificación.
b) La retroalimentación.

c) La codificación.
d) El canal.

5. La comunicación está basada en un lenguaje de códigos. ¿Qué tipo de comunicación utiliza signos lingüísticos en el mensaje?

a) La comunicación gestual.
b) La comunicación acústica.
c) La comunicación verbal.
d) La comunicación visual.

6. ¿Qué tipo de comunicación es aquella mediante la cual el emisor transmite un mensaje que finaliza en el receptor con la ejecución de una tarea?

a) Comunicación vertical.
b) Comunicación finalista.
c) Comunicación participativa.
d) Comunicación teleológica.

7. Señala la respuesta incorrecta. La importancia del proceso de la comunicación radica en que esta sea:

a) Interactiva.
b) Bidireccional.
c) Comprensiva.
d) Equilibrada.

8. Podemos decir que un sistema sanitario humanizado es aquel que:

a) Realiza una evaluación continua.
b) Desarrolla marcos teóricos-conceptuales sobre realidades y factores de vulnerabilidad de los pacientes.
c) Mantiene una gestión que responde al bienestar en el ejercicio de las funciones de sus profesionales.
d) Garantiza una asistencia de calidad centrada en la persona.

9. El proceso de humanización de la asistencia sanitaria intenta aportar suficiente evidencia objetiva de que los fondos públicos son utilizados eficaz y eficientemente con el fin de evitar:

a) La incorrecta implantación de la innovación tecnológica.
b) La merma en la adecuada atención al enfermo.
c) Las desviaciones que se produzcan en el sistema.
d) La desmotivación de los profesionales de la salud.

10. Cuando un paciente trata de expresar alguna preocupación, dolencia, senti-miento, etc., el auxiliar de enfermería debe:

a) Distraerle con cualquier otro tema poco complejo.
b) Ejercer cierta presión para que exprese aquello que le preocupa.
c) Saber callarlo para evitar lo que le genera desconfianza y aislamiento.
d) No interrumpirle.

11. El auxiliar de enfermería demuestra interés por el paciente y su entorno inmediato en:

a) Su actitud favorable de escucha.
b) La expresión de sus preocupaciones e inquietudes.
c) Su aspecto físico y su forma de vestir.
d) El lenguaje técnico que emplea para comunicar.

12. Indica cuál de las siguientes afirmaciones es incorrecta:

a) El auxiliar de enfermería debe evitar emitir cualquier juicio de valor u opinión sobre el proceso del enfermo, tanto al propio enfermo como a la familia.
b) El auxiliar de enfermería debe hablar lo preciso, evitando cualquier tipo de tertulia.
c) El auxiliar de enfermería debe adecuarse, en la medida de lo posible, al tipo de paciente que atiende.
d) El auxiliar de enfermería tratará de informar al paciente y su familia en cada cir-cunstancia empleando para ello un buen tono de voz, así como expresiones corporales y mímicas si fueran necesarias.

13. ¿Cuál es el método de comunicación que permite a una persona hacer comprensible a otra cualquier idea o hecho que le quiere transmitir?

a) El lenguaje corporal.
b) La explicación.
c) La sugestión.
d) La indicación.

14. ¿Cuál es el método fundamental utilizado por el auxiliar de enfermería en la comunicación con los pacientes?

a) La explicación.
b) La sugestión.
c) La indicación.
d) La convicción.

15. La disciplina que estudia cómo gestionamos los espacios en nuestra interacción con otros individuos se denomina:

a) Sinergia.
b) Empatía.
c) Proxemia.
d) Cronemia.

En MADTEST tienes **más preguntas de este tema,** y todos tus avances quedan registrados y se reflejan en el ranking.

¡Supera tus límites con MADTEST!

Solución al test n.º 13

1. d) La comunicación es un proceso por medio del cual se transmite información en una sola dirección.

2. b) La codificación.

3. a) Fuente.

4. b) La retroalimentación.

5. c) La comunicación verbal.

6. a) Comunicación vertical.

7. d) Equilibrada.

8. d) Garantiza una asistencia de calidad centrada en la persona.

9. b) La merma en la adecuada atención al enfermo.

10. d) No interrumpirle.

11. a) Su actitud favorable de escucha.

12. d) El auxiliar de enfermería tratará de informar al paciente y su familia en cada circunstancia empleando para ello un buen tono de voz, así como expresiones corporales y mímicas si fueran necesarias.

13. b) La explicación.

14. a) La explicación.

15. c) Proxemia.

TEST N.º 14

Estados psicológicos de los pacientes en situaciones especiales. Atención en situaciones de crisis. Técnicas de desescalada, salas de confort y ambiente terapéutico

1. Para llevar a cabo una adecuada atención psicológica de los pacientes, no es necesario:

a) Detectar las necesidades psicológicas básicas y conductas anómalas en los distintos tipos de pacientes en situaciones especiales.
b) Prestar apoyo psicológico básico, para mejorar sus condiciones de vida.
c) Saber diagnosticar la enfermedad
d) Intervenir en la formación y promoción de hábitos saludables.

2. En relación a la ansiedad señale el enunciado incorrecto:

a) Se considera por si sola un estado patológico.
b) Es un trastorno neurótico.
c) Se caracteriza por cansancio mental, alteraciones de la personalidad y pensamientos obsesivos y actos compulsivos.
d) La ansiedad produce sentimientos de angustia y sufrimiento desproporcionados.

3. No es un trastorno por ansiedad:

a) Trastorno fóbico.
b) Trastorno por ansiedad generalizada.
c) Trastorno de angustia somatomorfo.
d) Trastorno por ansiedad simple.

4. El temor a los espacios abiertos se denomina:

a) Claustrofobia.
b) Agorafobia.
c) Fobia social.
d) Fobia de espacio.

5. No es una manifestación fisiológica de un nivel leve:

a) Falta ocasional de respiración.
b) Síntomas gástricos leves.
c) Tics faciales.
d) Tono muscular relajado.

6. Paciente de 37 años con un nivel de ansiedad severo o en estado de pánico, puede presentar como manifestaciones fisiológicas:

a) Agitación con movimientos involuntarios.
b) Disnea e hipertensión.
c) Sialorrea.
d) Bradicardia.

7. Son características de una crisis de angustia, todas las que mencionamos a continuación menos una:

a) Aparición aguda, de forma súbita.
b) Se precede de un estado distímico y de inestabilidad emocional.
c) Suele ser de predominio matutino.
d) Cede a los 15-20 minutos.

8. Sobre las fobias señale lo incorrecto:

a) Es un estado psicótico.
b) El paciente presenta miedo irracional intenso hacia ciertos objetos.
c) El paciente presenta miedo anormalmente intenso ante situaciones específicas que normalmente no causarían dicho efecto.
d) Consiste en un trastorno nervioso caracterizado por un temor obsesivo, irracional e intenso frente a un objeto específico.

9. Las fobias se pueden clasificar en:

a) Fobia a estímulos externos, fobias funcionales, fobias a estímulos internos.
b) Fobias a estímulos externos o de situación, fobias de impulso, fobias funcionales.
c) Fobias simples, fobias amplias.
d) Fobias a estímulos externos y fobias de impulso.

10. Un trastorno obsesivo compulsivo se caracteriza por:

a) La incapacidad de resistirla intrusión de pensamientos o ideas persistentes, racionales y controlables.
b) La capacidad de resistir la intrusión de pensamientos o ideas persistentes, racionales y controlables.
c) La incapacidad de resistir la intrusión de pensamientos o ideas persistentes, irracionales e incontrolables.
d) Aparecer en la niñez.

11. ¿Cómo se denomina las conductas tendentes a disminuir la angustia ligada a la obsesión?

a) Obsesión.
b) Escrúpulo.
c) Rito compulsivo.
d) Represión.

12. ¿Qué manifestación no es típica de una crisis de angustia?

a) Náuseas y molestias abdominales.
b) Pérdida de interés en realizar actividades cotidianas con sentimiento de tristeza.
c) Palpitaciones y taquicardia.
d) Sensación de ahogo o falta de aliento, opresión y malestar torácico.

13. ¿Qué manifestación no es típica de una crisis de angustia?

a) Sensación de inestabilidad, despersonalización, parestesias.
b) Agresividad.
c) Miedo a morir.
d) Inestabilidad emocional.

14. La mayoría de los trastornos de angustia se acompañan de agorafobia pero, ¿Qué es agorafobia?

a) Miedo a padecer crisis de angustia.
b) Un tipo especial de fobia a acontecimientos de tipo social.
c) Miedo a encontrarse en lugares donde resulta difícil escapar, espacios abiertos.
d) Miedo a las muchedumbres.

15. Según el DSM los trastornos del estado de ánimo o afectivos se clasifican en (señala la incorrecta):

a) Trastorno bipolar.
b) Trastornos de ansiedad.
c) Episodio afectivo.
d) Trastorno depresivos.

En MADTEST tienes **más preguntas de este tema**, y todos tus avances quedan registrados y se reflejan en el ranking.

¡Supera tus límites con MADTEST!

Solución al test n.º 14

1. c) Saber diagnosticar la enfermedad.

2. a) Se considera por si sola un estado patológico.

3. c) Trastorno de angustia somatomorfo.

4. b) Agorafobia.

5. d) Tono muscular relajado.

6. a) Agitación con movimientos involuntarios.

7. c) Suele ser de predominio matutino.

8. a) Es un estado psicótico.

9. b) Fobias a estímulos externos o de situación, fobias de impulso, fobias funcionales.

10. c) La incapacidad de resistir la intrusión de pensamientos o ideas persistentes, irracionales e incontrolables.

11. c) Rito compulsivo.

12. b) Pérdida de interés en realizar actividades cotidianas con sentimiento de tristeza.

13. b) Agresividad.

14. c) Miedo a encontrarse en lugares donde resulta difícil escapar, espacios abiertos.

15. b) Trastorno de ansiedad.

Funciones de los Técnicos en Cuidados Auxiliares de Enfermería (TCAE) en unidades de media estancia. Acompañamiento terapéutico

1. ¿Cuáles son las funciones específicas que desempeñan los TCAE en las unidades de media estancia?

a) Proporcionar cuidados de calidad.
b) Recuperar al paciente de sus dolencias.
c) Fomentar en el paciente su dependencia.
d) Ninguna de las opciones es correcta.

2. ¿Cuál es el principal objetivo de las unidades de media estancia en el contexto sanitario?

a) Proporcionar cuidados agudos intensivos.
b) Brindar atención primaria a largo plazo.
c) Facilitar una transición suave para los pacientes hacia la recuperación completa.
d) Ofrecer cuidados básicos en el hogar.

3. ¿Qué tipo de pacientes son atendidos en las unidades de media estancia?

a) Pacientes con enfermedades crónicas reagudizadas.
b) Pacientes que requieren cuidados paliativos.
c) Pacientes que han estado en una unidad de agudos y necesitan atención menos intensiva antes de regresar a casa.
d) Pacientes que necesitan atención médica en el hogar.

4. ¿Qué tipo de pacientes son atendidos en las unidades de media estancia?

a) Pacientes que requieren cuidados agudos intensivos.
b) Pacientes que solo necesitan atención primaria.
c) Pacientes que ya no necesitan cuidados intensivos de una unidad de agudos.
d) Pacientes que no necesitan atención médica especializada.

5. ¿Qué tipo de programas ofrecen las unidades de media estancia para los pacientes?

a) Programas de entretenimiento.
b) Programas de rehabilitación y capacitación.
c) Programas de educación académica.
d) Programas de alimentación especializada.

6. ¿Qué tipo de pacientes son atendidos en las unidades de media estancia en relación con la duración de su estancia?

a) Todos los pacientes permanecen por un tiempo fijo.
b) La duración de la estancia varía según las necesidades individuales del paciente.
c) Solo los pacientes con enfermedades crónicas permanecen por semanas.
d) Solo los pacientes convalecientes después de una cirugía tienen estancias prolongadas.

7. ¿Qué característica es fundamental en las unidades de media estancia para facilitar la recuperación de los pacientes?

a) Atención exclusivamente médica.
b) Equipos de salud unidisciplinarios.
c) Cuidados personalizados adaptados a cada paciente.
d) Infraestructura estándar sin adaptaciones.

8. ¿Cuál es uno de los objetivos principales de las unidades de media estancia?

a) Proporcionar cuidados intensivos a pacientes crónicos.
b) Brindar atención médica en el hogar.
c) Facilitar la transición suave hacia la recuperación completa.
d) Ofrecer cuidados prolongados en instalaciones especializadas.

9. ¿Cuál es el papel de las unidades de media estancia en relación con los servicios comunitarios y de cuidados a largo plazo?

a) Actuar como un obstáculo en la transición del paciente.
b) No tener relación con los servicios comunitarios.
c) Garantizar una transición suave y la continuidad del cuidado.
d) Limitar la coordinación con servicios de atención domiciliaria.

10. ¿Qué función desempeñan las unidades de media estancia en relación con los servicios comunitarios y de cuidados a largo plazo?

a) Actúan como un puente entre el hospital y el hogar del paciente.
b) Proporcionan cuidados intensivos a pacientes crónicos.
c) Coordinan servicios de atención domiciliaria.
d) Ofrecen cuidados prolongados en instalaciones especializadas.

11. ¿Qué tipo de pacientes son atendidos en las unidades de media estancia que han sufrido una descompensación de su enfermedad y necesitan estabilización y ajuste de su tratamiento?

a) Pacientes en recuperación postquirúrgica.
b) Pacientes geriátricos.
c) Pacientes con necesidades de rehabilitación.
d) Pacientes con enfermedades crónicas descompensadas.

12. ¿Qué tipo de pacientes pueden beneficiarse de una atención integral en las unidades de media estancia?

a) Pacientes con enfermedades terminales.
b) Pacientes que requieren cuidados paliativos.
c) Pacientes que han estado en una unidad de agudos.
d) Pacientes que solo necesitan atención primaria.

13. ¿Qué tipo de pacientes son atendidos en las unidades de media estancia que presentan deterioro de la movilidad, fragilidad, polimedicación, o condiciones como demencia?

a) Pacientes geriátricos.
b) Pacientes que requieren cuidados paliativos.
c) Pacientes con enfermedades infecciosas que requieren aislamiento.
d) Pacientes en recuperación postquirúrgica.

14. ¿Qué aspecto del apoyo emocional ofrecido por los TCAE en las unidades de media estancia?

a) Brindar consuelo en momentos difíciles.
b) Realizar terapia psicológica.
c) Fomentar un ambiente negativo para motivar a los pacientes.
d) Utilizar habilidades de comunicación efectiva para entender y atender las necesidades emocionales de los pacientes y sus familias.

15. ¿Cuál de las siguientes afirmaciones es cierta acerca de las funciones de los Técnicos en Cuidados Auxiliares de Enfermería (TCAE) en las unidades de media estancia?

a) Se centran principalmente en tareas básicas.
b) Adaptan su asistencia a las necesidades específicas de cada paciente.
c) Realizan únicamente curas menores.
d) No participan en la promoción de la movilidad y autonomía del paciente.

En MADTEST tienes **más preguntas de este tema,** y todos tus avances quedan registrados y se reflejan en el ranking.

¡Supera tus límites con MADTEST!

Solución al test n.º 15

1. a) Proporcionar cuidados de calidad.

2. c) Facilitar una transición suave para los pacientes hacia la recuperación completa.

3. c) Pacientes que han estado en una unidad de agudos y necesitan atención menos intensiva antes de regresar a casa.

4. c) Pacientes que ya no necesitan cuidados intensivos de una unidad de agudos.

5. b) Programas de rehabilitación y capacitación.

6. b) La duración de la estancia varía según las necesidades individuales del paciente.

7. c) Cuidados personalizados adaptados a cada paciente.

8. c) Facilitar la transición suave hacia la recuperación completa.

9. c) Garantizar una transición suave y la continuidad del cuidado.

10. a) Actúan como un puente entre el hospital y el hogar del paciente.

11. d) Pacientes con enfermedades crónicas descompensadas.

12. a) Pacientes con enfermedades terminales.

13. a) Pacientes geriátricos.

14. d) Utilizar habilidades de comunicación efectiva para entender y atender las necesidades emocionales de los pacientes y sus familias.

15. b) Adaptan su asistencia a las necesidades específicas de cada paciente.

Rehabilitación psicosocial y modelo de recuperación.
Plan de Atención Individualizada

1. La rehabilitación psicosocial tiene como población diana:

a) Las familias.
b) La comunidad.
c) PSMG.
d) Pacientes terminales.

2. El TMG y persistente engloba:

a) Un diagnóstico psiquiátrico referido a patologías graves (esquizofrenia, psicosis paranoica, trastornos de la personalidad, etc.).
b) Una situación de discapacidad o desventaja provocada por la enfermedad.
c) Un tiempo, referido a que el TMG no va a remitir o solucionarse en un breve periodo temporal.
d) Todas son correctas.

3. La rehabilitación psicosocial en TMG va dirigida en especial a personas que padecen:

a) Depresión exógena.
b) Fobia.
c) Esquizofrenia.
d) Discapacidad mental.

4. El modelo de rehabilitación psicosocial no debe basarse en:

a) Minimizar las discapacidades y variar la respuesta social que provoca la discapacidad.
b) Asegurar la recuperación de la enfermedad mental que padecen.
c) Capacitar al usuario mediante entrenamiento, instauración de hábitos para lograr un funcionamiento aceptable.
d) En posibilitar la integración social a PSMG.

5. Como se denomina al proceso cuya meta global es ayudar las personas con discapacidades psiquiátricas a reintegrase en la comunidad y mejorar su funcionamiento de modo que les permita mantenerse en su entorno social en unas condiciones los más normalizadas e independientes que sea posible:

a) Normalización.
b) Rehabilitación psicosocial.
c) Reintegración comunitaria.
d) Reinserción social.

6. Uno de los siguientes no es un principio bajo el que se sustenta el paradigma de la rehabilitación psicosocial:

a) Normalización.
b) Institucionalización.
c) Modelo de competencia.
d) Individualización.

7. Poner a disposición de la persona los recursos necesarios para facilitar que pueda tener un estilo y calidad de vida similar a los del resto de individuos de la sociedad, es lo que se denomina:

a) Normalización.
b) Rehabilitación.
c) Integración.
d) Individualización.

8. El apoyo social implica:

a) La puesta a disposición de la persona del soporte necesario que le permita mantener un estilo de vida autónomo.
b) La consideración de las personas con trastorno mental como ciudadanos de pleno derecho.
c) Respetar las características personales de cada persona.
d) Evitar el aislamiento de las personas.

9. La rehabilitación psicosocial es un modelo:

a) De recuperación total.
b) De recuperación global.
c) De recuperación psiquiátrica.
d) De recuperación social.

10. ¿Cuál no es un principio de la recuperación?

a) Esperanza.
b) Tolerancia.

c) Autogestión.
d) Oportunidad.

11. No es una característica del modelo de recuperación:

a) Centrada en las fortalezas.
b) Es lineal.
c) Basada en el respeto.
d) Aporta esperanza.

12. El empoderamiento sirve para:

a) La recuperación del control.
b) Aportar esperanza.
c) Devolver el autocontrol.
d) Situarse en el lugar del otro .

13. ¿Qué herramienta se utiliza para el cambio de la persona por medio de diferentes acciones?

a) Educación social.
b) Acompañamiento terapéutico.
c) Desescalada verbal.
d) Intervención individual.

14. ¿Qué nivel del tratamiento rehabilitador de las personas con TMG se corresponde con la psicoterapia individual?

a) Nivel I.
b) Nivel II.
c) Nivel III.
d) Nivel IV.

15. ¿Cuáles de estos aspectos del tratamiento rehabilitador de las personas con TMG se corresponde con un nivel II del mismo?

a) Hospital de día.
b) Psicoterapia grupal.
c) Tratamiento asertivo comunitario.
d) Psicoeducación.

En MADTEST tienes **más preguntas de este tema**, y todos tus avances quedan registrados y se reflejan en el ranking.

¡Supera tus límites con MADTEST!

Solución al test n.º 16

1. c) PSMG.

2. d) Todas son correctas.

3. c) Esquizofrenia.

4. b) Asegurar la recuperación de la enfermedad mental que padecen.

5. b) Rehabilitación psicosocial.

6. b) Institucionalización.

7. a) Normalización.

8. a) La puesta a disposición de la persona del soporte necesario que le permita mantener un estilo de vida autónomo.

9. b) De recuperación global.

10. b) Tolerancia.

11. b) Es lineal.

12. a) La recuperación del control.

13. b) Acompañamiento terapéutico.

14. a) Nivel I.

15. c) Tratamiento asertivo comunitario.

Prevención y control frente a Infecciones Respiratorias Agudas (IRA) en Residencias de carácter convivencial. Medidas higiénicas para la prevención de contagios

1. Las Infecciones Respiratorias agudas pueden estar causadas por:

a) Virus.
b) Bacterias.
c) Priones.
d) Levaduras.

2. Señale cuál de los siguientes microorganismos no es causante de IRAs:

a) Gripe .
b) COVID-19.
c) Virus sincitial.
d) Virus papiloma.

3. Entendemos por personas vulnerables, a aquellas que presentan mayor predisposición a padecer formas graves de enfermedad, señale cual no es una de ellas:

a) Personas con edad avanzada.
b) Personas por problemas de salud previo o de base.
c) Personas inmunocompetentes.
d) Personas con sistema inmune debilitado.

4. Se considera brote de IRAs:

a) Cuando alguien tiene una infección respiratoria aguda en el centro.
b) Cuando hay una persona con IRAs en el centro residencial.
c) Cuando hay más de 2 personas con IRA en el centro residencial.
d) Cuando hay mas de 3 personas con IRA en el centro residencial.

5. Las infecciones respiratorias agudas (IRA) afectan principalmente a:

a) El sistema digestivo.
b) El aparato respiratorio.
c) El sistema nervioso.
d) El sistema endocrino.

6. La etiología de las IRA es predominantemente:

a) Fúngica.
b) Parasitária.
c) Viral.
d) Tóxica.

7. Uno de los principales mecanismos de transmisión de las IRA es:

a) Transmisión vectorial.
b) Transmisión por gotas respiratorias.
c) Transmisión genética.
d) Transmisión por alimentos.

8. Se considera brote de IRA cuando aparecen:

a) 2 casos en una semana.
b) 3 o más casos en 48 horas con vínculo epidemiológico.
c) 5 casos en un mes.
d) 1 caso confirmado por PCR.

9. La higiene de manos en la prevención de IRA debe realizarse:

a) Solo antes del contacto con el paciente.
b) Solo después del contacto.
c) Antes y después del contacto con el paciente.
d) Únicamente si hay suciedad visible.

10. Las mascarillas FFP2 tienen una eficacia de filtración aproximada del:

a) 78 %.
b) 85 %.
c) 92 %.
d) 100 %.

11. En residencias, uno de los factores que favorece la transmisión de IRA es:

a) El aislamiento absoluto.
b) La ventilación constante.

c) La convivencia en espacios compartidos.
d) El uso de EPIs.

12. La vacunación frente a gripe y COVID-19 en residencias tiene como objetivo:

a) Eliminar completamente los virus.
b) Reducir incidencia, gravedad y mortalidad.
c) Sustituir las medidas higiénicas.
d) Evitar la ventilación de espacios.

13. En la limpieza y desinfección, se recomienda utilizar productos con:

a) Alcohol únicamente.
b) Agua destilada.
c) Al menos 1000 ppm de cloro disponible.
d) Perfumes desinfectantes.

14. La transmisión por aerosoles se caracteriza por:

a) Partículas grandes que caen rápidamente.
b) Partículas pequeñas que permanecen en el aire.
c) Solo contacto directo.
d) Exclusiva transmisión por superficies.

15. La ventilación en espacios comunes de residencias debe:

a) Evitarse para mantener la temperatura.
b) Realizarse solo en verano.
c) Garantizar la renovación del aire mediante apertura de ventanas.
d) Sustituirse por ambientadores.

Solución al test n.º 17

1. a) Virus.

2. d) Virus papiloma.

3. c) Personas inmunocompetentes.

4. d) Cuando hay mas de 3 personas con IRA en el centro residencial.

5. b) El aparato respiratorio.

6. c) Viral.

7. b) Transmisión por gotas respiratorias.

8. b) 3 o más casos en 48 horas con vínculo epidemiológico.

9. c) Antes y después del contacto con el paciente.

10. c) 92 %.

11. c) La convivencia en espacios compartidos.

12. b) Reducir incidencia, gravedad y mortalidad.

13. c) Al menos 1000 ppm de cloro disponible.

14. b) Partículas pequeñas que permanecen en el aire.

15. c) Garantizar la renovación del aire mediante apertura de ventanas.

Actuación frente a IRA en profesionales sanitarios y sociosanitarios. Procedimiento para el manejo de cadáveres

1. ¿A qué corresponde esta definición: "asociación con beneficios para agente y huésped"?

a) Parasitismo.
b) Simbiosis.
c) Comensalismo.
d) Amebiasis.

2. ¿Cómo se denomina la relación de interacción entre agente causal y huésped cuando existe beneficio para el agente o el huésped, pero sin perjuicio para el otro?

a) Saprofitismo.
b) Simbiosis.
c) Parasitismo.
d) Comensalismo.

3. En epidemiología se entiende por virulencia:

a) La habilidad de un agente causal para producir reacción inmunológica local o general.
b) El grado o cantidad de enfermedad que puede producir el agente causal.
c) La capacidad para dar lugar a una enfermedad, una vez infectado un huésped.
d) La cantidad de eslabones que posee una enfermedad transmisible.

4. ¿Qué término es sinónimo de inmunogenicidad?

a) Inmunoclisis.
b) Antigenicidad.
c) Virulencia.
d) Contagiosidad.

5. ¿A qué grupo pertenece aquel biológico que resulta poco probable que cause una enfermedad en el hombre, en función del riesgo de infección? Grupo...

a) 1.
b) 2.
c) 3.
d) 4.

6. ¿Cómo se denomina la capacidad del agente etiológico para extenderse?

a) Contagiosidad.
b) Infectividad.
c) Patogenicidad.
d) Virulencia.

7. Se define como infectividad:

a) La capacidad de virulencia del agente causal.
b) La capacidad para ocasionar o dar lugar a una enfermedad.
c) El grado o cantidad de enfermedad que puede producir el agente causal.
d) La capacidad para multiplicarse el agente causal en los tejidos, dando o no lugar enfermedad.

8. Generalmente la fuente de la enfermedad transmisible suele ser la misma que:

a) El reservorio.
b) El portador sano.
c) El huésped susceptible.
d) El huésped refractario.

9. ¿Cuáles son los factores epidemiológicos secundarios?

a) Clima.
b) Tabaco.
c) Sexo.
d) Clima y sexo.

10. El suelo en la cadena epidemiológica se comporta como:

a) Reservorio exclusivamente.
b) Mecanismo de transmisión exclusivamente.
c) Reservorio o mecanismo de transmisión.
d) Huésped refractario o vía de contagio.

11. La triada epidemiológica relaciona:

a) Al agente causal, huésped susceptible y ambiente.
b) Al agente causal, huésped susceptible y reservorio.
c) Al agente causal, huésped susceptible y mecanismo de transmisión.
d) Al agente causal, huésped susceptible y factores epidemiológicos secundarios.

12. ¿A qué hace referencia la definición: "Todo ser animado o inanimado, en los que el agente etiológico se reproduce y se perpetúa en un ambiente natural del que depende para su supervivencia"?

a) Reservorio.
b) Fuente de infección.
c) Fuente de contagio.
d) Fuente adicional.

13. ¿Cuál de estas se considera la fuente de infección más importante para el hombre en epidemiología?

a) Una fuente homóloga.
b) Una fuente heteróloga.
c) Fuente animal.
d) Fuente inanimada.

14. ¿Cómo ocurren las infecciones autógenas?

a) Ocurre por microorganismo que están generalmente en los animales.
b) Ocurre por microorganismo que están de forma habitual en el hombre.
c) Ocurre por microorganismo que están de forma habitual en el suelo.
d) Ninguna es correcta.

15. ¿Qué fuentes de las infecciones es homóloga?

a) Animales.
b) Objetos inanimados.
c) Personas.
d) Suelo.

En MADTEST tienes **más preguntas de este tema**, y todos tus avances quedan registrados y se reflejan en el ranking.

¡Supera tus límites con MADTEST!

Solución al test n.º 18

1. b) Simbiosis.

2. d) Comensalismo.

3. b) El grado o cantidad de enfermedad que puede producir el agente causal.

4. b) Antigenicidad.

5. a) 1.

6. a) Contagiosidad.

7. d) La capacidad para multiplicarse el agente causal en los tejidos, dando o no lugar enfermedad.

8. a) El reservorio.

9. d) Clima y sexo.

10. c) Reservorio o mecanismo de transmisión.

11. a) Al agente causal, huésped susceptible y ambiente.

12. a) Reservorio.

13. a) Una fuente homóloga.

14. b) Ocurre por microorganismo que están de forma habitual en el hombre.

15. c) Personas.

TEST N.º 19

Primeros auxilios. Reanimación Cardiopulmonar (RCP) en adultos y menores

1. No se considera material para la apertura de la vía aérea:

a) Pinzas de Magill.
b) Guía de tubo.
c) Tubos orofaríngeos.
d) Tabla de RCP.

2. La adrenalina se administra:

a) En bolo directo.
b) En perfusión continua.
c) En perfusión corta.
d) Ya no está indicada en PCR.

3. El sulfato de magnesio es:

a) Una catecolamina.
b) Un anticolinérgico.
c) Un antiarrítmico.
d) Un depresor del SNC.

4. El estilo Utstein en el soporte vital básico es:

a) Un acuerdo a nivel mundial para consensuar definiciones relacionadas con la RCP.
b) La principal asociación de indicaciones en RCP a nivel europeo.
c) La secuencia de actuación correcta ante una emergencia clínica.
d) Todas son ciertas.

5. En RCP consideramos finalizado el proceso si:

a) Se mantiene la circulación espontánea durante 20 minutos.
b) Llegan los servicios de emergencias extrahospitalaria.
c) Aparece respiración espontánea.
d) Todas las respuestas son ciertas.

6. El primer eslabón de la cadena de supervivencia es:

a) RCP básica.
b) Desfibrilación precoz.
c) Activación de los servicios de emergencia.
d) Soporte vital avanzado.

7. Lo primero que se debe hacer en una situación de emergencia es:

a) Avisar a los servicios sanitarios.
b) Realizar una valoración del paciente.
c) Proteger a nosotros, al paciente y a la zona.
d) Socorrer al herido.

8. El número seleccionado en toda Europa para la activación de los servicios de emergencias es:

a) 112.
b) 061.
c) 060.
d) 092.

9. El cerebro humano sin oxígeno empieza a deteriorarse a los:

a) 10 minutos.
b) 15 minutos.
c) 4 minutos.
d) 1 minuto.

10. La causa más frecuente de parada cardiorrespiratoria en adultos es:

a) Torsades de pointes.
b) FV.
c) FA.
d) Enfermedad terminal.

11. ¿Cuál de las siguientes afirmaciones sobre la valoración de la conciencia es falsa?

a) Es la primera valoración que se realiza en una situación de emergencia.
b) Se realiza mediante una valoración sensitiva y auditiva.
c) Si la víctima responde consideraremos que está consciente.
d) Si la víctima responde de forma anormal o confusa consideraremos que está inconsciente.

12. Para despejar la vía aérea usaremos la técnica de:

a) Tracción mandibular.
b) VOS.
c) Insuflaciones.
d) Dedo en gancho.

13. Un paciente inconsciente que respira:

a) Se deja como está y se avisa a los servicios de emergencias.
b) No hará falta avisar a nadie.
c) Se inicia de forma inmediata las maniobras de RCP.
d) Se coloca en PLS (posición lateral de seguridad).

14. La secuencia correcta entre MCE (masaje cardiaco externo) e insuflaciones es de:

a) 30/2.
b) 15/2.
c) 30/1.
d) Depende del número de reanimadores.

15. El gaspin es:

a) Una técnica de apertura de la vía aérea.
b) Una respiración agónica.
c) Un nivel de conciencia alterado.
d) Una escala para la valoración de la respiración.

En MADTEST tienes **más preguntas de este tema**, y todos tus avances quedan registrados y se reflejan en el ranking.

¡Supera tus límites con MADTEST!

Solución al test n.º 19

1. d) Tabla de RCP.

2. a) En bolo directo.

3. c) Un antiarritmico.

4. a) Un acuerdo a nivel mundial para consensuar definiciones relacionadas con la RCP.

5. d) Todas las respuestas son ciertas.

6. c) Activación de los servicios de emergencia.

7. c) Proteger a nosotros, al paciente y a la zona.

8. a) 112.

9. c) 4 minutos.

10. b) FV.

11. d) Si la víctima responde de forma anormal o confusa consideraremos que está inconsciente.

12. a) Tracción mandibular.

13. d) Se coloca en PLS (posición lateral de seguridad).

14. a) 30/2.

15. b) Una respiración agónica.

Prevención de riesgos laborales. Cargas y movilizaciones

1. ¿Qué método se emplea para eliminar o paliar los olores desagradables en el ambiente de trabajo, especialmente en algunos tipos de industrias?

a) Aireación.
b) Absorción de los mismos por carbón activo.
c) Filtración laminar.
d) Aireación y absorción de los mismos por carbón activo.

2. ¿De qué se dice que "es aquel en el que la producción de calor metabólico está en equilibrio con las pérdidas de calor orgánico (por convección e irradiación), las pérdidas de calor respiratorio y la transpiración insensible"?

a) Ambiente térmico fisiológico.
b) Ambiente térmico neutro.
c) Ambiente térmico físico-químico.
d) Nada de lo anterior es cierto.

3. ¿Qué temperatura aproximada debe existir por normativa en los locales de trabajo cerrado donde se realicen trabajos sedentarios, propios de oficinas o similares?

a) Entre 5 y 15 ºC.
b) Entre 10 y 20 ºC.
c) Entre 17 y 27 ºC.
d) Entre 25 y 35 ºC.

4. ¿Qué humedad relativa aproximada debe existir por normativa en los locales de trabajo cerrado, sin tener en cuenta aquellos locales donde existan riesgos por electricidad estática?

a) Entre el 10 y el 30 %.
b) Entre el 30 y el 70 %.
c) Mayor del 75 %.
d) Menor al 50 %.

5. ¿A qué se define, del sonido, como la sensación auditiva que va asociada a la frecuencia de los sonidos y se refiere a la altura del ruido?

a) Potencia.
b) Tono.
c) Intensidad.
d) Timbre.

6. ¿Qué parámetro del sonido se mide en caso de sospecha de contaminación acústica?

a) Potencia.
b) Tono.
c) Intensidad.
d) Timbre.

7. ¿Cuál es la unidad más empleada en medicina del trabajo respecto al ambiente sonoro, si queremos evaluar la existencia o no de contaminación acústica?

a) Lumen.
b) Son.
c) Decibelio.
d) metro/segundo.

8. ¿Cuál es la cota de alerta (en dB) para una exposición permanente de 40 h de nivel de ruidos en un ambiente laboral?

a) 25.
b) 45.
c) 65.
d) 85.

9. ¿Qué nivel máximo de intensidad acústica (en dB) como edificio público y características propias de trabajo poseen los hospitales?

a) 25.
b) 45.
c) 65.
d) 85.

10. ¿Qué nivel de decibelios se considera aceptable durante el día?

a) 25.
b) 45.
c) 65.
d) 85.

11. En la iluminación artificial directa:

a) El 90-100 % del flujo de luz se dirige hacia abajo y el 0-10 % hacia arriba.
b) El 70-90 % del flujo de luz se dirige hacia abajo y el 10-30 % hacia arriba.
c) El 50-70 % del flujo de luz se dirige hacia abajo y el 30-50 % hacia arriba.
d) El 30-50 % del flujo de luz se dirige hacia abajo y el 50-70 % hacia arriba.

12. ¿Qué nivel mínimo de iluminación (en luxes) es necesario que exista en los locales de uso habitual en el lugar de trabajo?

a) 100.
b) 200.
c) 500.
d) 1000.

13. ¿Qué se define exactamente como los movimientos rápidos y ruidosos de intensidad variable?

a) Los sonidos.
b) Los ruidos.
c) Las vibraciones.
d) Nada es cierto.

14. ¿En qué zonas anatómicas son frecuentes las lesiones por vibraciones en los trabajadores que emplean martillo neumático?

a) En manos.
b) En pies.
c) En brazos.
d) En rodillas.

15. ¿Qué radiación de estas es electromagnética?

a) Luz visible.
b) Radiación alfa.
c) Radiación beta.
d) Son todas electromagnéticas.

En MADTEST tienes **más preguntas de este tema**, y todos tus avances quedan registrados y se reflejan en el ranking.

¡Supera tus límites con MADTEST!

Solución al test n.º 20

1. d) Aireación y absorción de los mismos por carbón activo.

2. b) Ambiente térmico neutro.

3. c) Entre 17 y 27 ºC.

4. b) Entre el 30 y el 70 %.

5. b) Tono.

6. c) Intensidad.

7. c) Decibelio.

8. d) 85.

9. a) 25.

10. c) 65.

11. a) El 90-100 % del flujo de luz se dirige hacia abajo y el 0-10 % hacia arriba.

12. a) 100.

13. c) Las vibraciones.

14. a) En manos.

15. a) Luz visible.

Cómo acceder al Curso

Auxiliar Sanitario Titulado (A.S.T.)
Test del Temario

El uso de los códigos **es exclusivo de los compradores de los productos de Editorial MAD**. Cada producto posee un código único y de un solo uso. Es personal e intransferible y da acceso a servicios y contenidos adicionales. Editorial MAD se reserva el derecho de hacer cuantas comprobaciones sean necesarias para identificar al legítimo poseedor del código y dejar de dar servicio a quien haga uso fraudulento del mismo, además de emprender cuantas acciones legales estime oportunas según la legislación vigente.

Deberás acceder a:

mad.es/registro-campus

Si una vez aceptadas las condiciones de uso del Campus decides hacer uso del mismo, necesitarás del siguiente código de acceso junto con los códigos del resto de títulos que se exigen (si fuera el caso):

EP7WNKXRTV